ATUALIDADE HISTÓRICA
DA OFENSIVA SOCIALISTA

István Mészáros

ATUALIDADE HISTÓRICA DA OFENSIVA SOCIALISTA
uma alternativa radical ao sistema parlamentar

Tradução
Paulo Cezar Castanheira

Revisão técnica
Maria Orlanda Pinassi

Copyright © Boitempo Editorial, 2010
Copyright © István Mészáros, 2010

Título original: *Historical actuality of the socialist offensive: alternative to parliamentarism*. Bookmark, Londres, 2010

Coordenação editorial
Ivana Jinkings

Editora-assistente
Bibiana Leme

Assistência editorial
Ana Lotufo, Elisa Andrade Buzzo e Gustavo Assano

Tradução
Paulo Cezar Castanheira

Revisão técnica
Maria Orlanda Pinassi

Preparação
Tatiana Ferreira de Souza

Revisão
Frederico Ventura

Diagramação
Antonio Kehl

Capa
David Amiel
sobre imagem de gregos protestando contra austeridade de pacote de cortes orçamentários. Foto: Joanna, Piazza del Popolo Photostream. Maio de 2010.

Produção
Livia Campos

CIP-BRASIL. CATALOGAÇÃO-NA-FONTE
SINDICATO NACIONAL DOS EDITORES DE LIVROS, RJ

M55a

Mészáros, István, 1930-
  Atualidade histórica da ofensiva socialista : uma alternativa radical ao sistema parlamentar / István Mészáros ; [tradução Paulo Cezar Castanheira ; revisão técnica: Maria Orlanda Pinassi]. - São Paulo : Boitempo, 2010.
  il. -(Mundo do trabalho)

Tradução de: Historical actuality of the socialist offensive: alternative to parliamentarism
Inclui bibliografia e índice
ISBN 978-85-7559-159-8

1. Sociologia. 2. Sociologia política. 3. Parlamentarismo. I. Título. II. Série.

10-0710.
                                                        CDD: 301
                                                        CDU: 316
18.02.10 25.02.10   017685

É vedada a reprodução de qualquer parte deste livro sem a expressa autorização da editora.

1ª edição: junho de 2010
1ª reimpressão: novembro de 2013; 2ª reimpressão: novembro de 2017

BOITEMPO EDITORIAL
Jinkings Editores Associados Ltda.
Rua Pereira Leite, 373
05442-000 São Paulo SP
Tel./fax: (11) 3875-7250 / 3875-7285
editor@boitempoeditorial.com.br | www.boitempoeditorial.com.br
www.blogdaboitempo.com.br | www.facebook.com/boitempo
www.twitter.com/editoraboitempo | www.youtube.com/tvboitempo

SUMÁRIO

Introdução 11

Atualidade histórica da ofensiva socialista 51

1. A ofensiva necessária das instituições defensivas 53
2. Das crises cíclicas à crise estrutural 69
3. A pluralidade de capitais e o significado
do pluralismo socialista 99
4. A necessidade de se contrapor à força
extraparlamentar do capital 121

Referências bibliográficas 199

Índice onomástico 201

Sobre o autor 203

*Em memória do general Vasco Gonçalves (1922-2005),
socialista radical profundamente comprometido e
primeiro-ministro do governo revolucionário português*

Nota

O presente volume tem por base a obra *Historical actuality of the socialist offensive: alternative to parliamentarism* (Londres, Bookmarks, 2010), composta pelo capítulo 18 do livro *Para além do capital* (São Paulo, Boitempo, 2002), acrescido de uma introdução especialmente preparada por István Mészáros para a nova edição. A fim de embasar sua análise do texto, o autor utilizou-se do recurso de repetir na Introdução alguns trechos da obra. São passagens que reforçam o argumento e destacam a atualidade e o vigor desta publicação.

INTRODUÇÃO

Em 1995, dois anos antes da formação do governo de Tony Blair na Grã-Bretanha, escrevi em termos duramente negativos sobre a "*próxima vitória eleitoral de Pirro*" do Novo Trabalhismo. Minha preocupação ao antecipar um desastre político e social subsequente à enganosa "vitória" eleitoral não era relativa apenas ao estado do Partido Trabalhista Britânico. Pelo contrário, referia-se ao significado muito maior dos desenvolvimentos políticos que observamos durante longo tempo e que resultaram em transformações retrógradas muito semelhantes não apenas na Grã-Bretanha, mas no movimento trabalhista ocidental em geral. Eu argumentava que, na atual conjuntura, "o trabalho, como antagonista do capital, é obrigado a defender seus interesses não com uma, mas com as duas mãos atadas às costas. Uma delas presa pelas forças abertamente hostis ao trabalho e a outra, pelo seu próprio partido reformista e sua liderança sindical"[1]. E concluí o raciocínio com as seguintes linhas:

---

[1] István Mészáros, *Para além do capital: rumo a uma teoria da transição* (trad. Paulo Cezar Castanheira e Sérgio Lessa, São Paulo, Boitempo, 2002), p. 850. Cf. cap. 4 do presente volume, p. 121.

12 Atualidade histórica da ofensiva socialista

Sob tais condições, cabe ao movimento dos trabalhadores decidir entre resignar-se a tais limites ou dar os passos necessários para desatar as próprias mãos, por mais difícil que seja esta última linha de ação. Hoje, os líderes trabalhistas admitem sem constrangimentos – como Tony Blair no discurso proferido em Derby, por coincidência no dia 1º de abril –, que "o Partido Trabalhista é *o partido do empresariado e das indústrias modernas na Inglaterra*"[2]. Isso representa a fase final da traição total a tudo que foi iniciado pela velha tradição social-democrata. [...] A questão é saber se a classe trabalhadora vai aceitar ser tratada como "o bobo" do 1º de abril e por quanto tempo a estratégia de capitulação ao grande empresariado poderá ser seguida depois da *próxima vitória eleitoral de Pirro*.[3]

Como sabemos, mais de dez anos se passaram desde a instalação do governo do Novo Trabalhismo na Grã-Bretanha. A vitória eleitoral de Pirro revelou-se muito pior do que as piores expectativas. Todas as medidas legislativas contrárias aos trabalhadores adotadas pelo governo conservador mais reacionário da Grã-Bretanha em décadas – o governo de Margaret Thatcher, à época condenado de forma ruidosa pela oposição trabalhista – foram mantidas pelo novo governo, com total cumplicidade da liderança sindical dominante. Ao mesmo tempo, alguns representantes do mundo empresarial foram recompensados não apenas com vantagens econômico-financeiras significativas, como até mesmo com cargos ministeriais e de assessoria duradouros e importantes. Mas o aspecto mais desastroso do governo do Novo Trabalhismo

---

[2] Philip Basset, "Labour shows it means to do business with business", *The Times* (Londres), 7/4/1995. Blair fez essa confissão, de estar na chefia do partido das empresas inglesas, durante uma festa, perante a Conferência Feminina Trabalhista em Derby, em 1º de abril de 1995.

[3] István Mészáros, *Para além do capital*, cit., p. 851. Cf. cap. 4 do presente volume, p. 121.

talvez tenha sido a total subserviência – e cinismo, embalado para consumo público numa untuosa hipocrisia – com que participou, e continua a participar, das aventuras genocidas estadunidenses, ignorando da forma mais autoritária o protesto de milhões de pessoas que se manifestavam contra elas. E pouco importa se as ordens de Washington foram recebidas do "fraternal" presidente democrata Bill Clinton ou do chefe do mais extremado governo republicano na história, o de George W. Bush. A única coerência que parece necessária é a conformidade às ordens transatlânticas com servilismo e hipocrisia mesmo quando os riscos envolvem destruição militar crescente e inegável.

Existe uma tendência a atribuir as características deploráveis de desenvolvimento social e político a aberrações e traições pessoais, antecipando que a solução venha da mudança futura dos implicados. Isso é até certo ponto compreensível porque as questões personalizadas dessa forma permanecem no âmbito das explicações a que as pessoas envolvidas se acostumaram. Contudo, apelar para uma linha muito diferente de abordagem não significa negar o papel das aberrações e traições pessoais no campo político. Existem muitas recompensas para induzir os políticos a se aliarem à perpetuação da ordem estabelecida. Tais recompensas são inseparáveis do caráter alienado da política institucionalizada em nossas sociedades, divorciada das grandes massas de gente e usurpando assim com grande facilidade o papel de tomada de decisão. Mas, precisamente em razão dessa determinação sistemática, seria de todo errado atribuir a persistente evolução negativa da política primeiramente a traições pessoais, ainda que, em certo nível de intercâmbio político, sua contribuição seja inegável. A uniformidade com que essas características persistem nas sociedades capitalistas enfatiza a necessidade de uma explicação diferente. As contradições e determinações subjacentes são muito mais graves do que as que poderiam ser entendidas em termos meramente pessoais.

Quando falamos do indubitavelmente problemático desenvolvimento do movimento trabalhista reformista no século XX, é necessário enfrentar os graves problemas estruturais de nossa "política democrática", se quisermos encontrar uma explicação mais plausível do que as ideias circulares de falha de "personalidade" e corrupção associada, para o que continua irremediavelmente errado no que se refere às genuínas expectativas socialistas. Tais problemas estruturais têm origem num estágio histórico muito anterior ao século XX e, o que é pior, continuam a exercer seu impacto negativo, hoje mais forte do que nunca. É imperativo enfrentá-los, pois não basta explicar convincentemente os profundos *determinantes sociais* que *favorecem* o surgimento das personificações do capital em posição de comando também no movimento trabalhista – não importa quão claramente identificáveis. É também necessário *combatê-los* objetivamente, numa base duradoura, se quisermos evitar seu reaparecimento na próxima rodada de mudanças mais ou menos rotineiras de pessoal na estrutura do sistema político parlamentar que regula nossas "sociedades democráticas".

Sob esse aspecto, infelizmente, encontramos duas importantes dificuldades contra a necessária crítica radical. Primeiro, a costumeira *autorreferencialidade* do discurso político, que oferece diagnósticos e remédios estritamente limitados ao ambiente institucionalizado das decisões políticas e ignora a forma com que os interesses materiais fundamentais da ordem sociometabólica dominante determinam o resultado dos conflitos e antagonismos renovados. (Certamente, a personalização unilateral das traições políticas está afinada com a autorreferencialidade da política.) A segunda dificuldade mais importante resulta da maneira como o sistema parlamentar em si é tratado no discurso político tradicional, que em geral o proclama como o centro de referência necessário de toda mudança legítima. A crítica só é admissível em relação a alguns detalhes menores, visando corretivos potenciais apenas para remendar até certo ponto a estrutura da política parlamentar estabelecida, mesmo quando se torna impossível negar sua vacuidade[4], deixando inalterado o próprio processo estruturalmente arraigado de tomada de decisão. Em outras palavras, o Parlamento como tal é tratado como tabu, excluindo-se a legitimidade de se defender a instituição de uma alternativa radical viável ao aprisionamento político-parlamentar da classe trabalhadora.

Trata-se de assunto sério, pois sem o estabelecimento de uma alternativa radical ao sistema parlamentar não pode haver esperança de desembaraçar o movimento socialista de sua atual situação, à mercê das personificações do capital que existem em suas próprias fileiras.

• • •

---

[4] Votos parlamentares são hoje considerados mera formalidade, se tanto. Questões vitais nem sequer são debatidas no Parlamento. Eles são simplesmente impostos com cínica manipulação, como aconteceu com a Grã-Bretanha com a "aprovação" da Guerra do Iraque sob o falso pretexto de que "as armas de destruição em massa de Saddam Hussein estavam prontas para ser acionadas em 45 minutos", conforme as palavras do primeiro-ministro Tony Blair. Além disso, é fato conhecido que, por uma questão de rotina, as decisões políticas não são tomadas por membros do Gabinete – que se limitam a carimbá-las –, mas por menos de um punhado de pessoas nos chamados "gabinetes da cozinha". E tudo isso é feito em nome da política parlamentar democrática.

A alternativa necessária ao sistema parlamentar está em íntima associação com a questão da verdadeira *participação*, definida como autogestão plenamente autônoma da sociedade pelos produtores livremente associados em todos os domínios, muito além das restritas mediações (obviamente ainda necessárias durante algum tempo) do Estado político moderno.

À primeira vista, a principal diferença entre o nosso interesse na participação e a necessidade de encontrar uma alternativa viável ao sistema parlamentar é que, sendo a plena participação um princípio regulador fundamental e permanente das inter-relações socialistas – não importando quão desenvolvida e longínqua a sociedade socialista –, é imediata a necessidade de se criar uma alternativa estrategicamente sustentável ao sistema parlamentar. Como sempre, esse é apenas o aspecto mais óbvio do importante problema de como libertar o movimento socialista da camisa de força do sistema parlamentar burguês. Há também outra dimensão, ligada ao desafio muito mais amplo e inevitável mencionado na literatura socialista como "*o fenecimento do Estado*".

As dificuldades aparentemente proibitivas desse vital projeto marxiano aplicam-se com a mesma relevância e peso à *participação* e à forma duradoura de unificação das esferas reprodutiva material e política como a esperada alternativa radical prevista para o *sistema parlamentar*. De fato, quando consideramos a tarefa histórica de tornar real o "fenecimento do Estado", tornam-se inseparáveis a autogestão por meio da plena participação e, em oposição ao politicamente confinado formal/legal, a superação permanentemente sustentável do sistema parlamentar por uma forma positiva de tomada de decisão substantiva.

Em consequência, a necessidade de instituir uma alternativa válida ao sistema parlamentar emerge das instituições políticas historicamente específicas do nosso tempo, que se transformaram – para o pior, a ponto de se tornarem uma força paralisante, e não de avanço potencial – ao longo do século XX, desiludindo amargamente todas as esperanças e expectativas, uma vez na posse do movimento socialista radical. Pois o irônico e, de muitas formas, trágico resultado de longas décadas de luta política dentro dos limites das instituições políticas de autointeresse do capital revelaram que, sob as condições hoje prevalecentes, a classe trabalhadora foi *espoliada de todos os direitos* em todos os países capitalistas avançados e não tão avançados. Essa condição é marcada pela completa conformidade dos vários representantes da classe trabalhadora organizada conforme as "regras do jogo parlamentar". Evidentemente, tal jogo é maciçamente condicionado contra as forças organizadas do trabalho pelas relações de poder, há muito instaladas e em constante renovação, do capital material e ideologicamente mais eficaz sobre a ordem social em sua totalidade. Nesse sentido, a capitulação social-democrata, apesar de se afirmar como representante dos "verdadeiros interesses da classe trabalhadora", na verdade completou o círculo vicioso desse processo de espoliação total de direitos de que não se pode fugir sem a superação radical – e efetivamente sustentável – do próprio sistema parlamentar historicamente anacrônico.

O contraste entre as condições realmente existentes em nosso tempo e as promessas do passado não poderia ser maior. Sobretudo quando nos lembramos dos acontecimentos políticos do terço final do século XIX e da esperança dos trabalhadores neles investida. Como sabemos, bem antes daquela época, esse grupo político surgiu no palco da história e deu os primeiros avanços como um *movimento extraparlamentar*. No entanto, sob esse aspecto, o último terço do século XIX produziu uma mudança significativa, com a formação e o fortalecimento dos partidos de massa da classe trabalhadora que começaram a se orientar, em sua maioria, para a conquista gradual do domínio político pela via eleitoral, de forma a introduzir – por meio da intervenção legislativa consensual – as reformas estruturais necessárias e de grande alcance na sociedade como um todo. Na verdade, com o passar do tempo, os partidos de massa da classe trabalhadora conseguiram mostrar vitórias notáveis apenas em termos eleitorais, adotando e alimentando, "*no devido tempo*", a expectativa mais problemática de um sucesso correspondente também nas relações de poder material da sociedade. Foi assim que o reformismo social-democrata tornou-se dominante nos partidos trabalhistas dos países capitalistas mais fortes, marginalizando, ao mesmo tempo, a ala radical do movimento operário por várias décadas.

Mas o esperado "devido tempo" nunca chegou e não poderia ter chegado. Mesmo nos primeiros tempos, instituir uma ordem social radicalmente diferente nos parâmetros de autointeresse do controle sociometabólico do capital só poderia significar uma *contradição em termos*. A estratégia política e social defendida foi chamada, por Bernstein e seus seguidores, de "*socialismo evolutivo*" ou, por Harold Wilson e outros, de "*conquista do alto comando da economia*". Mas a distante terra prometida, tantas vezes proclamada por essas estratégias, só poderia ser a marcha tranquila até a *terra do nunca* de um futuro fictício enfim *abandonada* clamorosa e completamente pelo Novo Trabalhismo britânico – e pelos partidos social-democratas da Alemanha e de outros países em todo o mundo –, sem nunca se ter aproximado sequer uma polegada dela.

Ademais, o que torna ainda mais grave esse problema é que alguns dos partidos mais importantes e, em termos eleitorais, bem-sucedidos da esquerda radical, constituídos no âmbito da Terceira Internacional na enérgica condenação explícita do irrecuperável fracasso histórico da Segunda Internacional Social-democrata, seguiram – dessa vez, de fato *no devido tempo* – o mesmo caminho desastroso dos partidos que antes haviam denunciado de forma veemente. Sob esse aspecto, basta pensar na "estrada parlamentar para o socialismo" perseguida pelos partidos comunistas italiano e francês. De fato, o Partido Comunista Italiano (o partido de uma figura não menos revolucionária que Antonio Gramsci) – depois de se deixar seduzir pela outra estratégia fantasiosa do "Grande Compromisso Histórico", ignorando ou realmente se esquecendo de que um compromisso real é feito por no mínimo duas pessoas, caso contrário o que se tem é o compromisso de uma pessoa consigo mesma – rebatizou-se como os "Democratas da Esquerda", de forma a se acomodar inteiramente a serviço da ordem social "democrática" do capital. E quando lembramos de que Mikhail Gorbachev, o secretário geral do Partido Soviético – o partido de Lenin –, atribuiu-se o poder e o direito de *dissolver o partido por decreto* e fez valer esse movimento autoritário em nome da *glasnost* e da democracia, isso deveria ser uma indicação clara de que algo fundamentalmente errado precisa ser corrigido nessas questões. A nostalgia do passado não há de oferecer nenhuma solução para essas questões subjacentes.

Nada disso é dito "*em retrospectiva*", uma expressão habitualmente usada para desviar as críticas e justificar o fracasso das estratégias do passado, além do papel assumido por pessoas responsáveis por tê-las imposto, como se não houvesse alternativa àquele curso de ação até que o "*em retrospectiva*" – ainda hoje marginalizado e desqualificado com sarcasmo autojustificativo – aparecesse no horizonte. O historicamente documentado estado real das coisas não poderia ser mais diferente, pois os mais previdentes e mais profundamente comprometidos defensores da alternativa socialista radical, à época em que o descarrilamento fatal do movimento socialista organizado começava a acelerar – Lenin e Rosa Luxemburgo – diagnosticaram de forma clara os perigos em formação, demonstrando não *em retrospectiva*, mas no momento certo, o vazio político e teórico das prescrições "evolutivas" irrealizáveis. E quando, num estágio anterior desse processo da integração submissa definitiva do sistema parlamentar burguês, Marx fez soar a advertência inconfundível de sua *Crítica ao Programa de Gotha*, insistindo em que não poderia haver compromissos quanto a princípios, sua voz soou no deserto.

As forças organizadas do trabalho tiveram de aprender sozinhas, por mais amarga que fosse essa experiência. Durante um longo período histórico, para a maioria do movimento de trabalhadores pareceu não haver alternativa à promessa ilusória da "linha de menor resistência". As promessas e tentações de solucionar os problemas muito complexos da sociedade por meio dos processos relativamente simples da legislação parlamentar foram grandes demais para serem ignoradas ou contornadas até que a própria experiência amarga revelasse que a desigualdade estruturalmente arraigada e imposta pelas relações de poder material favoráveis ao capital tinha de prevalecer também no ambiente político institucionalizado, apesar da ideologia da "escolha democrática" – estritamente *formal* e nunca *substantiva* – e da "igualdade" eleitoralmente garantidas. De fato, a armadilha institucional, objetivamente assegurada, do movimento operário fica ainda mais complicada com o impacto da corrupção da máquina eleitoral e da ideologia apologética da "busca pela maioria" a ela associada. Há muito tempo Rosa Luxemburgo caracterizou assim esses aspectos do problema:

> O sistema parlamentar é o viveiro de todas as atuais tendências oportunistas da social-democracia ocidental. [...] fornece fundamento às ilusões do oportunismo atual, como a valoração exagerada das reformas sociais, a colaboração entre partidos e classes, a esperança de um desenvolvimento pacífico para o socialismo etc. Com o crescimento do movimento do trabalho, o sistema parlamentar transformou-se na mola propulsora dos carreiristas políticos. É por isso que tantos ambiciosos fracassados da burguesia afluem para os estandartes dos partidos socialistas [...]. [O objetivo é] *dissolver* o setor de classe ativo e consciente do proletariado na *massa amorfa de um "eleitorado"*.[5]

Naturalmente, a ideologia perversamente autojustificadora de um suposto respeito democrático pelo "eleitorado" mítico é usada convenientemente com o objetivo de controlar de maneira arbitrária, e muitas vezes corrupta, os próprios partidos políticos, anulando a possibilidade de instituir até mesmo a menor "reforma gradual", como o demonstra claramente o deprimente registro histórico do século XX, com a

---

[5] Rosa Luxemburgo, "Organizational Questions of the Russian Social Democracy", publicado sob o título "Leninism or Marxism?", em *The Russian Revolution and Leninism or Marxism* (Ann Arbor, The University of Michigan Press, 1970), p. 98. [Ed. bras.: "Questões de organização da social-democracia russa", em *A Revolução Russa*, Petrópolis, Vozes, 1991.]

resultante perda completa de direitos da classe trabalhadora. Portanto, não foi por acaso que as tentativas de implantação de mudanças sociais significativas – por exemplo, nos últimos quinze anos na América Latina, sobretudo na Venezuela e agora na Bolívia – foram acompanhadas, como primeiro passo em direção às propostas de transformações profundas, de críticas enérgicas ao sistema parlamentar e da instalação de Assembleias Constitucionais.

• • •

É significativo que a crítica do sistema parlamentar seja quase tão antiga quanto o próprio Parlamento. A exposição de suas limitações incuráveis sob uma perspectiva radical não começou com Marx. Consideramos que é poderosamente expressa já nos escritos de Rousseau. Partindo do pressuposto de que a soberania pertence ao povo e que, portanto, não pode ser alienada por meio de leis, ele argumenta que, pelas mesmas razões, não pode ser legitimamente transformada em qualquer forma de representação:

> Os representantes do povo não são nem podem ser seus representantes; não passam de seus comissários, nada podendo concluir em definitivo. É nula toda a lei que o povo não ratificar diretamente; em absoluto, não é lei. O povo inglês pensa ser livre e muito se engana, pois só o é durante a eleição dos membros do Parlamento; uma vez eleitos, ele é escravo, não é nada. Durante os breves momentos de sua liberdade, o uso que dela faz mostra que merece perdê-la.[6]

---

[6] Jean-Jacques Rousseau, *The Social Contract* (Londres, Everyman, 1993), p. 266. [Ed. bras.: *O contrato social*, São Paulo, Abril Cultural, 1978, p. 108.]

Rousseau fez ainda a importante observação de que, embora não se possa divorciar o poder Legislativo do povo, nem mesmo por meio da representação parlamentar, as funções administrativas ou "executivas" devem ser consideradas sob uma luz muito diferente. Como explicou:

> no exercício do poder Legislativo, o povo não [pode] ser representado, mas tal pode e deve acontecer no poder Executivo, que não passa de força aplicada à lei.[7]

Assim, o filósofo propôs um exercício muito mais prático de poder político e administrativo do que lhe é creditado, ou de que é acusado por seus detratores até mesmo da esquerda.

Na deturpação tendenciosa da posição de Rousseau, os dois princípios de importância vital de sua teoria, adaptados de maneira conveniente também pelos socialistas, foram desqualificados e abandonados. Contudo, a verdade da questão é que, por um lado, o poder de tomada de decisões fundamentais nunca deveria ter sido divorciado das massas populares, como demonstrou de modo conclusivo a história de verdadeiro horror do sistema estatal soviético, administrado da forma mais autoritária contra o povo pela burocracia stalinista em nome do socialismo. Por outro lado, e ao mesmo tempo, o cumprimento de determinadas funções administrativas e executivas em todos os domínios do processo de reprodução social pode certamente ser *delegado* a membros da comunidade, contanto que isso seja realizado de maneira autônoma no âmbito das regras estabelecidas e

---

[7] Ibidem, p. 267. [Ed. bras.: Ibidem, p. 109.]

devidamente controladas em todas as fases da real tomada de decisão pelos produtores associados.

Assim, as dificuldades não residem nos dois princípios básicos tais como formulados por Rousseau, mas no modo pelo qual devem ser relacionados ao controle político e material do processo sociometabólico pelo capital. O estabelecimento de uma forma socialista de tomada de decisão, em conformidade com os princípios da inalienabilidade do poder de determinar as regras (*isto é, a "soberania" do trabalho não como uma classe particular, mas como condição universal da sociedade*) e da delegação de papéis e funções sob condições específicas, bem definidas, com distribuição flexível e supervisão adequada, exigiria invadir e uma radical reestruturação de todos os domínios materiais antagônicos do capital. Um processo que realmente deve ir muito além do princípio da soberania popular inalienável de Rousseau e seu corolário delegatório. Ou seja, em uma ordem socialista, o processo "legislativo" deveria ser fundido ao próprio processo de produção de tal modo que a necessária *divisão horizontal do trabalho*[8] fosse adequadamente complementada em todos os níveis, do local ao global, por um sistema de *coordenação* autodeterminada do trabalho.

Essa relação está em nítido contraste com a perniciosa *divisão vertical do trabalho*[9] do capital, complementada pela "separação dos poderes" em um "sistema político democrático" alienado e imposto inalteravelmente às massas trabalhadoras. Pois, a divisão vertical de trabalho sob comando do capital necessariamente afeta e infecta de forma incurável cada faceta da divisão horizontal do trabalho, desde as

---

[8] Discutido em István Mészáros, *Para além do capital*, cit., cap. 14.
[9] Idem.

funções produtivas mais simples até os processos mais complexos da selva legislativa. E esta é uma selva cada vez mais densa não só porque a infinita multiplicação de suas regras e seus componentes institucionais devam desempenhar papel vital em manter firmemente sob controle o comportamento real ou potencialmente desafiador do trabalho recalcitrante, limitando-se a vigiar as disputas do trabalho e salvaguardar a dominação global do capital sobre a sociedade em geral. Além disso, em qualquer tempo particular do processo histórico em desdobramento, eles devem conciliar de alguma forma – desde que tal conciliação seja possível – os interesses distintos da pluralidade de capitais com a dinâmica incontrolável da totalidade do capital social, que tende por último a sua autoafirmação como entidade global.

Naturalmente, as mudanças fundamentais necessárias para assegurar e salvaguardar a transformação socialista da sociedade não podem se realizar *dentro* do domínio político tal como foi constituído e ossificado durante os últimos quatrocentos anos de desenvolvimento capitalista. Pois, o desafio incontornável a esse respeito exige a solução de um problema mais desconcertante. Ou seja, o capital é a *força extraparlamentar par excellence* da nossa ordem social e, ao mesmo tempo *domina completamente o Parlamento* enquanto, fingindo ser simplesmente parte dele, operando pretensamente em relação às forças alternativas do movimento operário numa base totalmente *equitativa*.

Embora o impacto dessa situação seja profundamente enganoso, nossa preocupação não é simplesmente com a questão da aparência enganosa de que os representantes do movimento operário são vítimas pessoais. Em outras palavras, não se trata de uma condição de que o povo hoje enganado possa em princípio se desembaraçar por meio do esclarecimento ideológico-político apropriado, sem necessidade de alterar radicalmente a ordem reprodutiva social arraigada como um todo. Lamentavelmente é algo muito mais grave do que isso, pois a falsa aparência em si resulta de *determinações estruturais objetivas* e é constantemente reforçada pela dinâmica do sistema do capital em todas as suas transformações.

• • •

Em certo sentido, o problema subjacente pode ser caracterizado resumidamente como a *separação* historicamente estabelecida entre *a política* – perseguida no Parlamento e em todos os seus vários corolários institucionais – e *a dimensão reprodutiva material* da sociedade tal como corporificada e, em termos práticos, renovada na multiplicidade de empresas produtivas. Em seu *desenvolvimento histórico contingente*, o capitalismo teve de se desenvolver e se afirmar como ordem social reprodutiva contra as restrições reprodutivas políticas e materiais feudais então prevalecentes. De início, ele não assumiu a forma de uma força política unificada que enfrentava frontalmente a ordem política feudal. Isso só veio a ocorrer relativamente mais tarde, no estágio histórico particular das revoluções burguesas vitoriosas em alguns dos países mais importantes, quando o terreno material favorável aos processos capitalistas já estava bem avançado naquelas sociedades. As primeiras manifestações de desenvolvimento capitalista surgiram com a emergência da multiplicidade de empresas produtivas, livres em seu contexto local do constrangimento político da servidão feudal. Na verdade, elas se tornavam cada vez mais significativas ao conquistar materialmente uma parcela cada vez mais importante de mudança dinâmica do processo geral de reprodução social.

Entretanto, o avanço bem-sucedido das unidades materiais reprodutivas por si só estava longe do fim da história, apesar de suas conceituações teóricas unilaterais, pois a dimensão política estava sempre presente de alguma forma. De fato, ela teve de desempenhar um papel cada vez maior, apesar de sua articulação peculiar, quanto mais desenvolvido se tornava o sistema capitalista. De alguma forma, foi necessário reunir a grande multiplicidade de unidades materiais reprodutivas *centrífugas* sob a abrangente estrutura política do Estado capitalista, de forma a evitar o colapso da ordem sociometabólica do capital na ausência de uma dimensão coesiva.

O presunçoso desejo de regulação da todo-poderosa *"mão invisível"* reguladora pareceu ser uma explicação alternativa adequada para o papel realmente importante da política. As ilusões necessariamente associadas com a evolução do desenvolvimento capitalista foram bem ilustradas pelo fato de que – na época em que o sistema se tornava mais consolidado, além de garantido politicamente pelo Estado capitalista, depois da derrota do adversário feudal um século antes na Guerra Civil e na Revolução Gloriosa – uma figura notável da economia política clássica, Adam Smith, quis proibir completamente "todo estadista, conselho ou senado" de envolvimento significativo em assuntos econômicos, descartando inclusive a ideia de tal envolvimento como "loucura e presunção perigosa"[10]. O fato de Smith ter adotado essa posição era compreensível, já que ele defendia a posição de

---

[10] Adam Smith, *The Wealth of Nations* (Edinburgh, J. R. McCulloch, Adam and Charles Black, 1863), p. 200. [Ed. bras.: *A riqueza das nações*, São Paulo, WMF Martins Fontes, 2003, 2 v., Coleção Paideia.]

que a ordem reprodutiva capitalista representava "*o sistema natural da perfeita liberdade e justiça*"[11]. Assim, numa concepção semelhante da ordem de reprodução não poderia haver *necessidade* de intervenção reguladora da política, nem se admitiria um *espaço conceitual* para tal. Isso porque, na visão de Smith, a política só poderia interferir em tal "sistema natural" – de que se poderia afirmar estar em completa sintonia com as exigências da liberdade e justiça – de uma forma adversa e prejudicial, uma vez que, por sua própria natureza, já estava predestinado para o bem de todos e nesse sentido perfeitamente administrado pela "mão invisível".

O que estava completamente ausente do quadro desenhado por Smith era sempre a questão vital das *relações de poder social inerentemente conflituosas* da realidade existentes, sem as quais a dinâmica do desenvolvimento capitalista não pode ser de modo algum inteligível. Entretanto, o reconhecimento dessa relação conflituosa tornaria absolutamente essencial oferecer também uma forma adequada de explicação *política*. Compreensivelmente, esta não poderia ser concedida pelo grande economista escocês – o que é compreensível –, pois segundo sua teoria, o lugar das relações conflituosas de poder social foi tomado pelo conceito, miticamente inflado, da "*situação local*" associado à noção das correspondentes empresas particulares localmente pertencentes a indivíduos puramente autointeressados que inconscientemente – mas ainda assim de forma ideal para o benefício de toda a sociedade – geriam seu capital produtivo sob a misteriosa orientação da "mão invisível". Essa concepção individualista de orientação local – harmoniosamente abrangente e universalmente benéfica – das relações de

---

[11] Ibidem, p. 273.

poder insuperavelmente conflituosas do capital estava muito distante até mesmo da realidade do próprio Adam Smith, para não mencionar a variedade "globalizada" atual.

O grande defeito dessas concepções, que foram tantas, mesmo durante o século XX, foi a incapacidade de reconhecer e explicar teoricamente a *conexão imanente objetiva* – que sempre prevaleceu apesar da aparência enganosa de separação inalterável – entre as dimensões política e de reprodução material do sistema do capital. De fato, sem a relação imanente entre essas duas dimensões, a ordem sociometabólica estabelecida não poderia funcionar nem sobreviver durante qualquer intervalo de tempo.

Contudo, é igualmente necessário enfatizar, no mesmo contexto, que a inter-relação paradoxal entre as duas dimensões vitais do sistema do capital – decepcionante em sua aparência, mas enraizada em determinações estruturais objetivas – tem implicações de longo alcance para a instituição bem-sucedida da alternativa socialista. Por essa razão, é inconcebível superar substancialmente a ordem estabelecida pela simples derrubada política do Estado capitalista[12], muito menos pela vitória sobre as forças de

---

[12] Lenin deixou claro que "revoluções *políticas* não podem em caso algum, nunca e em nenhuma condição, encobrir ou enfraquecer a palavra de ordem da revolução *socialista* [...] que não pode ser encarada como *um só ato*, mas como uma *época* de tempestuosas convulsões políticas e econômicas, de guerra civil, de revoluções e contrarrevoluções". Vladimir Ilianov Lenin, "On the Slogan for a United States of Europe", em *Collected Works* (Moscou, Progress Publishers, 1974, v. 21), p. 339-40 (escrito em ago. 1915). [Disponível em: <http://www.marxists.org/archive/lenin/works/1915/aug/23.htm>. Ed. bras.: *Obras escolhidas em três volumes*, 3. ed., São Paulo, Alfa-Omega, 1986 – N. E.] Lenin sempre teve a consciência da diferença fundamental entre a revolução política e a social (à

exploração no âmbito de determinada estrutura de legislação parlamentar.

Esperar a solução dos problemas estruturais fundamentais primariamente pela derrubada política do Estado capitalista não permite tratar de forma duradoura a ligação mistificadoramente compartimentada, mas necessária, entre a dimensão política e de reprodução material herdada do sistema do capital. É por essa razão que a reconstituição radical historicamente viável da unidade indissolúvel das esferas reprodutiva material e política em base permanente continua sendo o requisito essencial do modo socialista de controle sociometabólico.

• • •

Ignorar ou desconsiderar a dura realidade das relações conflituosas de poder do capital, desde o estágio mais antigo da emergência do sistema até o presente "*democrático*", e acima de tudo transubstanciar a sujeição autoritária e a dominação impiedosa do trabalho a essas relações de poder sob a pretensa "*igualdade*" de todos os indivíduos, foi uma concomitante visão de mundo inevitável sob o ponto de vista do capital, até mesmo nos escritos dos maiores e mais progressistas intelectuais da burguesia.

O que a adoção de tal ponto de vista teve de obliterar, desde o início, foi a sangrenta história da "*acumulação*

---

qual denominou socialista), mesmo quando foi forçado de maneira irrevogável a defender a mera sobrevivência da revolução política, ao passo que Stalin ignorou essa distinção vital fingindo que o *primeiro passo* na direção de uma vitória socialista já representava o próprio socialismo, que deveria simplesmente ser seguido pela entrada "na etapa superior do comunismo" em um país sitiado.

primitiva"¹³ em que a classe dominante emergente continuou as práticas exploradoras já garantidas pela classe dominante anterior – a propriedade feudal da terra. Essa perversa dominação estrutural teve de permanecer como a regra geral, ainda que tivesse de assumir uma nova forma, assim colocando em evidência mais uma vez a significativa *continuidade histórica* das variedades ancestrais de opressão e exploração de classe.

Sobre o terreno comum dessa afinidade, convenientemente redefinida de acordo com a natureza do capital, o *pressuposto permanentemente necessário* da nova ordem produtiva do "trabalho livre" teve de ser forçosamente perpetuado, apesar do credo professado de "liberdade e igualdade". O pressuposto prático necessário por trás do mito do "trabalho livre" foi, evidentemente, a *propriedade exclusiva* dos *meios de produção* fundamentais e seu controle por uma pequena minoria e a simultânea exclusão – *garantida por meios políticos* pelo Estado – da esmagadora maioria da sociedade desse controle. Ao mesmo tempo, a brutal realidade material imposta à esmagadora maioria do povo foi reproduzida pela sua exclusão político-ideológica dos poderes de controle da ordem social – algo que não poderia estar mais distante, na verdade diametralmente oposto, de qualquer ideia de um genuíno "Estado ético". Tudo isso teve de ser colocado sob o selo do silêncio profundo nas autoimagens do novo modo de controle sociometabólico.

---

¹³ Como diz Marx, no curso da acumulação primitiva o capital emerge "pingando sangue e terra da cabeça aos pés, de todos os poros". Karl Marx, "The So-Called Primitive Accumulation", em *Capital*, (Moscou, Foreign Languages Publishing House, 1958), v. 1, parte VIII. [Ed. bras.: *O capital*, Rio de Janeiro, Civilização Brasileira, 2008.]

Essas reveladoras omissão e deturpação tiveram de ser assim realizadas para projetar a melhor das autoimagens concebidas do ponto de vista egoísta do próprio capital, pois é assim que a separação mistificadora da política da dimensão material reprodutiva tanto é capaz de cumprir sua função ideológico-cultural conservadora como, ao mesmo tempo, ser comemorada como insuperável para sempre. Assim, Hegel, por exemplo, ofereceu em seu sistema a mais engenhosa e filosoficamente absolutizada separação entre a realidade material abertamente sob o autointeresse da "sociedade civil" e o "Estado ético" político, postulando este último como o corretivo ideal para os defeitos inevitáveis da primeira.

Ao *inverter a ordem causal real*, Hegel retratou mistificadoramente a determinação vital de ser *autointeressado/ egotista*, como se ela emanasse diretamente dos próprios indivíduos, embora, na realidade, fosse imanente ao terreno ontológico material insuperável do capital. Tal terreno historicamente constituído foi na realidade *imposto aos indivíduos* que não puderam optar por não operar no interior da estrutura da ordem sociometabólica dada. Consequentemente, os indivíduos tiveram de *internalizar* o *imperativo objetivo de autoexpansão* do sistema – sem o qual o sistema como tal não poderia sobreviver – como se tivesse saltado para fora do núcleo de seus objetivos e propósitos pessoais *determinados pela natureza*, como Palas Atena supostamente saiu da cabeça de Zeus completamente armada. Dessa forma, Hegel conseguiu não só produzir um dualismo, filosoficamente absolutizado, da ordem social do capital (sua "sociedade civil" e seu "Estado político ético"), mas glorificar ao mesmo tempo o desenvolvimento histórico correspondente à declarada "realização da liberdade" como "a verdadeira *Teodiceia*: a justificação de Deus na História"[14]. A crítica a essas concepções, em todas as suas variedades, é hoje muito relevante. Pois manter a concepção dualista da relação entre sociedade civil e Estado político só pode trazer estratégias desorientadoras, independente de qual lado da visão dualista terá precedência sobre o outro no decurso da ação prevista. A irrealidade das projeções parlamentares com que nos familiarizamos corresponde, sob esse aspecto, à total fragilidade das expectativas associadas à ideia de resolver nossos principais problemas pela postulada contraforça institucional da "sociedade civil".

A adoção de tal posição só pode resultar na armadilha de uma concepção ingênua da natureza da própria "sociedade civil" e de uma atitude totalmente acrítica com relação a uma grande multiplicidade de ONGs que, desmentindo sua autocaracterização como "organizações não governamentais", coexistem felizes com as instituições retrógadas do Estado de que dependem para sua existência financeira. E mesmo quando pensamos em algumas organizações de importância muito maior que as ONGs, como os sindicatos, a situação não melhora quanto a esse aspecto. Consequentemente, tratar os sindicatos, por oposição aos partidos políticos, como pertencentes apenas à "sociedade civil" e, por isso, passíveis de serem usados contra o Estado político para uma profunda transformação socialista não passa de sonho romântico. Pois, na realidade, o círculo institucional do capital é feito de *totalizações recíprocas* de sociedade civil/Estado político

---

[14] G. W. F. Hegel, *The Philosophy of History* (Harper Torchbooks), p. 457. [Ed. bras.: *Filosofia da história*, 2. ed., Brasília, UnB, 1999.]

que se interpenetram profundamente e se apoiam fortemente um no outro.

Não pode haver estratégia realista de transformação socialista sem prosseguir com firmeza na realização da *unidade das dimensões política e material de reprodução* também no domínio organizacional. De fato, o grande potencial emancipatório dos sindicatos consiste precisamente em sua capacidade de assumir (pelo menos em princípio) um papel político radical, bem além da função política conservadora que hoje tendem em geral a cumprir. E tal potencial é viável pela tentativa consciente de superar a fatídica separação entre o *braço industrial* do movimento operário (eles próprios) e o *braço político* (os partidos no Parlamento), separados sob o invólucro capitalista de ambos por meio da aceitação da dominação parlamentar pela maioria do movimento operário ao longo dos últimos 130 anos.

O surgimento da classe operária na cena histórica foi apenas um *acréscimo inconveniente* ao sistema parlamentar, constituído bem antes de as primeiras forças organizadas do movimento operário tentarem manifestar em público os interesses vitais de sua classe. Do ponto de vista do capital, a resposta imediata a esse inconveniente mas crescente "incômodo" foi a rejeição e a exclusão dos grupos políticos operários. Mais tarde, entretanto, uma ideia muito mais adaptável foi instituída pelas personificações políticas mais ágeis do capital: *domesticar* de algum modo as forças do trabalho. Ela assumiu de início a forma do patrocínio parlamentar paternalista de algumas demandas da classe trabalhadora por partidos políticos burgueses relativamente progressistas e, mais tarde, a da aceitação da legitimidade dos partidos da classe trabalhadora no próprio Parlamento, embora, é claro, de uma maneira *estritamente circunscrita*, obrigando-os a se conformar às "regras democráticas do jogo parlamentar".

Inevitavelmente, isso significou para os partidos operários apenas o "consentimento livre" da sua efetiva *acomodação*, mesmo que pudessem manter por um longo período a ilusão de que com o passar do tempo eles seriam capazes de corrigir radicalmente a situação pela ação parlamentar a seu próprio favor. Assim a *força extraparlamentar* original e potencialmente alternativa do *trabalho* transformou-se, na organização parlamentar, *permanentemente desfavorecida*. Embora esse curso de desenvolvimento pudesse ser explicado pelas fraquezas óbvias do trabalho organizado em seu *início*, argumentar e justificar desse modo o que havia realmente acontecido, nas atuais circunstâncias, é apenas mais um argumento a favor do beco sem saída da social-democracia parlamentar. Pois a *alternativa radical de fortalecimento* da classe trabalhadora para se organizar e se afirmar *fora do Parlamento* – por oposição à estratégia derrotista seguida ao longo de muitas décadas até a *perda completa de direitos da classe trabalhadora* em nome do "ganhar força" – não pode ser abandonada tão facilmente, como se uma alternativa de fato radical fosse *a priori* uma impossibilidade. Especialmente porque a necessidade de ação extraparlamentar sustentada é absolutamente vital para o futuro de um movimento socialista rearticulado radicalmente.

• • •

A irrealidade de postular a solução sustentável dos graves problemas de nossa ordem social no âmbito da estrutura formal/legal e das restrições correspondentes da política parlamentar decorre do equívoco fundamental das determinações do domínio do capital, como representado em todo tipo de teoria que afirme o dualismo de sociedade civil e Estado político. A dificuldade, insuperável na estrutura parlamentar, é que uma vez que o capital detém *realmente* o controle de todos os aspectos vitais do metabolismo social, ele *pode se dar ao luxo* de definir a composição, separadamente, da esfera da legitimação política como mero assunto *formal/legal*, assim excluindo necessariamente a possibilidade de ser constestado de modo legítimo pela política parlamentar em sua *substantiva* esfera de reprodução socioeconômica. Direta ou indiretamente, o capital controla *tudo*, inclusive o processo legislativo parlamentar, ainda que se suponha que este seja considerado totalmente independente do capital em muitas teorias que hipostasiam a "igualdade democrática" de todas as forças políticas que participam do processo legislativo. Para conceber uma relação muito diferente para os poderes de tomada de decisão nas nossas sociedades, hoje completamente dominadas pelas forças do capital em todos os domínios, é necessário mudar radicalmente o desafio ao próprio capital como o *controlador geral* da reprodução sociometabólica.

O que torna o problema ainda pior para os que buscam mudanças significativas nos limites do sistema político estabelecido é que esse sistema pode reivindicar para si a genuína legitimidade constitucional em seu atual modo de funcionamento, com base na *inversão*, historicamente constituída, do estado real de reprodução material. Pois, na medida em que o capitalista não é apenas a "personificação do capital", mas simultaneamente "a personificação do caráter *social* do trabalho", da "totalidade do trabalho enquanto tal"[15], o sistema

---

[15] Karl Marx, "Economic Manuscripts of 1861-64", em *Marx/Engels Collected Works* (MECW), v. 34, p. 457, grifos de Marx. Outra

pode alegar que representa o poder de produção vitalmente necessário para a sociedade *vis-à-vis* aos indivíduos, incorporando os interesses de todos. Dessa forma, o capital afirma-se não apenas como poder *de facto*, mas também como poder *de jure* da sociedade, na qualidade de condição objetivamente necessária à reprodução societária e, portanto, como o fundamento constitucional de sua própria ordem política.

O fato é que a legitimidade constitucional do capital é historicamente fundada na expropriação implacável dos produtores das condições de reprodução sociometabólica – os instrumentos e materiais do trabalho –, portanto, a alegada "constitucionalidade" do capital (como a origem de todas as constituições) é inconstitucional; mas essa verdade intragável perde-se nas brumas do passado remoto. Historicamente, as *"forças de produção social* do trabalho, ou as *forças de produção do trabalho social*, primeiro se desenvolveram como o modo de produção específico do capitalismo, por isso aparecem como algo imanente à relação-capital e dela inseparável"[16]. É assim que o modo de reprodução sociometabólico do capital *legitima-se e eterniza-se* como sistema legalmente inquestionável. Só se aceita como legítimo o questionamento de aspectos menores de uma estrutura global inalterável. Desaparece de vista o estado real das coisas, ou seja, o poder de produção efetivamente exercido e sua

---

importante observação a ser acrescentada aqui é que "o trabalho produtivo – como produtor de valor – sempre enfrenta o capital como trabalho de trabalhadores *isolados*, seja qual for a combinação com que esses trabalhadores entram no processo de produção. Assim, enquanto o capital representa o poder produtivo social do trabalho para os trabalhadores, o trabalho produtivo sempre representa para o capital apenas o trabalhador *isolado*". Ibidem, p. 460. Grifos de Marx.

[16] Ibidem, p. 456. Grifos de Marx.

absoluta necessidade para garantir a próxima reprodução do capital. Em parte, isso acontece por causa da ignorância da longínqua origem histórica legitimável da acumulação primitiva do capital e da concomitante, e em geral violenta, expropriação da propriedade como precondição do modo atual de funcionamento do sistema e, em parte, por causa da natureza mistificadora das relações de produção e distribuição estabelecidas. Ou seja,

> as *condições objetivas do trabalho* não aparecem como subsumidas ao trabalhador, em vez disso, é ele que aparece subsumido àquelas. O capital *emprega* o trabalho. Mesmo na sua simplicidade, essa relação é uma personificação de coisas e uma reificação de pessoas.[17]

Nada disso pode ser contestado e remediado no âmbito de uma reforma política parlamentar. Seria absurdo esperar a abolição, por decreto político, da "personificação das coisas e da reificação das pessoas", assim como seria absurdo esperar a proclamação de tal reforma nos limites das instituições políticas do capital. O sistema do capital não pode funcionar sem a perversa inversão das relações entre pessoas e coisas: o poder reificado e alienado do capital que domina as massas do povo. Da mesma forma, seria um milagre se os trabalhadores, que no processo de trabalho confrontam o capital como "trabalhadores isolados", pudessem reaver o controle dos poderes sociais de produção do seu trabalho por meio de algum decreto político, ou mesmo por uma longa série de reformas parlamentares decretadas sob a ordem sociometabólica de controle do capital. Em

---

[17] Ibidem, p. 457. Grifos de Marx.

tais questões, não pode haver nenhuma forma de evitar o conflito inconciliável em torno de apostas do tipo ou/ou.

O capital não pode abdicar de seus – usurpados – poderes de produção social em favor do trabalho, nem pode *compartilhá-los* com ele, graças a algum pretenso mas totalmente fictício "compromisso político", na medida em que eles constituem o poder global de controle da reprodução societária sob a forma da "dominação da riqueza sobre a sociedade". Por isso, é impossível escapar, sob o domínio do sociometabolismo fundamental, à severa lógica de "um ou outro". Para tanto, *ou* a riqueza, sob a forma do capital, continua a comandar a sociedade humana, levando-a aos limites da autodestruição, *ou* a sociedade de produtores associados aprende a comandar a riqueza alienada e reificada usando os poderes de produção resultantes do trabalho social autodeterminado de seus membros individuais – mas já não mais isolados.

O capital é a *força extraparlamentar par excellence*, cujo poder de controle sociometabólico não pode ser politicamente constrangido pelo Parlamento. Essa é a razão pela qual a única forma de representação política compatível com o modo de funcionamento do capital é aquela que *efetivamente nega* a possibilidade de contestar seu *poder material*. E é por ser a força extraparlamentar *par excellence* que o capital nada tem a temer das reformas promulgadas no interior da sua estrutura política parlamentar. A questão vital, da qual tudo depende, é que "*as condições objetivas do trabalho* não aparecem subsumidas ao trabalhador", mas, ao contrário, "ele aparece subsumido àquelas", por isso mesmo nenhuma mudança significativa é viável sem que se volte a essa questão, tanto por meio de políticas capazes de *desafiar o poder* e os modos de ação *extraparlamentares* do capital como na esfera da *reprodução material*. Portanto, o único desafio que poderia, de modo sustentável, afetar o poder do capital seria aquele que assumisse as funções de produção decisivas do sistema e, ao mesmo tempo, adquirisse o controle sobre todas as esferas correspondentes da tomada de decisão política, em vez de ser irremediavelmente condicionado pela prisão circular da ação política institucionalmente legitimada pela legislação parlamentar[18].

Há nos debates políticos das últimas décadas muita crítica – justificada – de figuras políticas antes de esquerda e de seus partidos hoje acomodados por completo. Entretanto, o mais problemático nesses debates é que, ao superenfatizar o papel da ambição e do fracasso pessoal, eles em geral continuam frequentemente a buscar o remédio para a situação na mesma estrutura política institucional que na verdade favorece grandemente as criticadas "traições pessoais" e os dolorosos "descarrilamentos partidários". Infelizmente, as mudanças governamentais e de pessoal propostas e aguardadas tendem a reproduzir os mesmos resultados deploráveis.

Nada disso deve surpreender. A razão pela qual as instituições políticas hoje estabelecidas resistem com sucesso a mudanças significativas para melhor é serem elas próprias parte do *problema*, e não da *solução*, pois em sua natureza imanente elas são a personificação das determinações e contradições estruturais subjacentes pelas quais o Estado capitalista moderno – com sua rede ubíqua de componentes burocráticos – foi articulado e estabilizado no curso dos últimos quatrocentos anos.

---

[18] As questões abordadas nos últimos parágrafos são discutidas de modo mais detalhado no capítulo 4 do presente volume.

Introdução 41

Evidentemente, o Estado foi formado não como um *resultado* mecânico parcial, mas por meio de sua *necessária inter-relação recíproca* com o terreno material da evolução histórica do capital, não apenas moldado por este, mas moldando-o ativamente tanto quanto fosse viável historicamente nas circunstâncias prevalentes – e justamente por causa dessa inter-relação também em mudança. Atendendo à determinação insuperavelmente *centrífuga* dos microcosmos produtivos do capital, mesmo no nível das gigantescas corporações transnacionais quase monopolistas, apenas o Estado moderno poderia assumir e cumprir a necessária função de ser a estrutura de comando global do sistema do capital. Inevitavelmente, isso significou a completa alienação do poder de tomada de decisão dos produtores. Até mesmo as "personificações particulares do capital" foram (e são) estritamente obrigadas a agir de acordo com os imperativos estruturais de seu sistema. De fato, o Estado moderno, tal como constituído sobre o terreno material do sistema do capital, é o *paradigma da alienação* no que se refere aos poderes de tomada de decisão abrangente/ totalizante. Seria, portanto, ingenuidade extrema imaginar que o Estado capitalista pudesse entregar voluntariamente os poderes alienados de tomada sistêmica de decisão a qualquer ator rival que operasse dentro da estrutura legislativa do Parlamento.

Assim, para imaginar uma mudança social significativa e historicamente sustentável, é necessário submeter a uma crítica radical as interdeterminações tanto de reprodução material quanto políticas de todo o sistema, e não apenas algumas de suas práticas políticas contingentes e limitadas. A totalidade combinada das determinações de reprodução material e a estrutura abrangente de comando político do

Estado constituem juntas a realidade esmagadora do sistema do capital. Nesse sentido, diante da questão inevitável decorrente do desafio das determinações *sistêmicas*, tendo em vista reprodução tanto socioeconômica como do Estado, a necessidade de uma transformação política global – em estreita articulação com o significativo exercício das funções de produção vitais da sociedade, sem as quais é inconcebível a mudança política duradoura e de longo alcance – torna-se inseparável do problema caracterizado como o *fenecimento do Estado*. Dessa forma, na tarefa histórica de produzir o "fenecimento do Estado", a *autogestão* por meio da participação plena e superação permanentemente sustentável do sistema parlamentar por uma forma positiva de *tomada de decisão substantiva* são inseparáveis, como indicado no início da segunda seção desta Introdução.

Essa é uma preocupação vital, e não uma "fé romântica no sonho irrealizável de Marx", como alguns tentam desacreditar e desconsiderar. Na verdade, o "fenecimento do Estado" não se refere a algo misterioso ou remoto, mas a um processo perfeitamente tangível que precisa ser iniciado ainda em nosso tempo histórico. Significa, em linguagem simples, a *progressiva reconquista dos poderes de tomada de decisão política alienados* pelos indivíduos engajados na tarefa de avançar até uma genuína sociedade socialista. Sem a reaquisição desses poderes – a que se opõem não apenas o Estado capitalista, mas também a inércia paralisante das *práticas de reprodução material estruturalmente enraizadas* – é inconcebível o novo modo de controle político da sociedade por seus indivíduos, assim como a operação cotidiana *não contraditória* e, portanto, *coesiva/planejável* das unidades produtivas e distributivas particulares realizada pela autoadministração dos produtores livremente associados. Superar radicalmente a *adversarialidade* e, dessa forma, assegurar o terreno político e material do *planejamento global viável* – uma necessidade absoluta para a própria sobrevivência da humanidade, sem falar na autorrealização potencialmente enriquecida dos seus membros individuais – são sinônimos de *fenecimento do Estado* como uma tarefa histórica atual.

...

Evidentemente, uma transformação dessa magnitude não pode ser realizada sem a *dedicação consciente* de um movimento revolucionário à tarefa histórica mais desafiadora de todas, capaz de se sustentar contra toda adversidade, pois tal engajamento suscita a feroz hostilidade de todas as forças mais importantes do sistema do capital. Por isso, o movimento em questão não pode ser apenas um tipo de partido político orientado para a obtenção de *concessões parlamentares*, que em geral são, mais cedo ou mais tarde, anuladas pelos interesses especiais da ordem estabelecida que também prevalecem no Parlamento. O movimento socialista não terá sucesso diante da hostilidade dessas forças a menos que se rearticule como um *movimento revolucionário de massas*, ativo de maneira consciente em *todas* as formas de luta política e social: local, nacional e global/internacional. Um movimento revolucionário de massa capaz de utilizar plenamente as oportunidades parlamentares quando disponíveis, ainda que limitadas nas atuais circunstâncias, e, acima de tudo, sem medo de afirmar as demandas necessárias da *ação extraparlamentar* desafiadora.

O desenvolvimento desse movimento é muito importante para o futuro da humanidade na atual conjuntura histórica. Sem a contestação extraparlamentar orientada e sustentada estrategicamente, os *partidos que se alternam no governo* podem continuar a se oferecer como convenientes *álibis* recíprocos para o fracasso estruturalmente inevitável do sistema em relação ao trabalho, confinando a oposição de classe ao papel de *apêndice* inconveniente, mas marginalizado, no sistema parlamentar do capital. Assim, em relação ao domínio da reprodução tanto material como política, a constituição de um movimento socialista extraparlamentar de *massas* estrategicamente viável – em conjunção com as formas tradicionais de organização política do trabalho, hoje extremamente sem rumo e urgentemente *necessitadas do apoio e pressão radicalizantes* de tais forças extraparlamentares – é precondição vital para o êxito da luta contra o maciço poder extraparlamentar do capital.

O papel de um movimento revolucionário extraparlamentar é duplo. Por um lado, cabe a ele formular e defender organizacionalmente os interesses estratégicos do trabalho como a alternativa sociometabólica historicamente viável. O sucesso dessa função só será viável se as forças organizadas do trabalho enfrentarem conscientemente e negarem vigorosamente, em termos práticos, as determinações estruturais da ordem de *reprodução material* estabelecida que se manifestam na relação-capital e na concomitante subordinação do trabalho ao processo socioeconômico, em vez de contribuir, mais ou menos como cúmplices, para *reestabilizar* o capital em crise, como sempre ocorreu em situações importantes do passado reformista. Ao mesmo tempo, o poder *político* aberto ou oculto do capital, que hoje prevalece no Parlamento, precisa e deve ser contestado – ainda que apenas em grau limitado – por meio da pressão que as *formas de ação extraparlamentar* podem exercer sobre o Legislativo e o Executivo.

A ação extraparlamentar só será eficaz se atacar os aspectos centrais e as determinações sistêmicas do capital, atravessando o labirinto de aparências fetichistas com as quais eles dominam a sociedade. Pois a ordem estabelecida afirma materialmente seu poder primariamente na (e através da) *relação capital*, perpetuada na base da *inversão* mistificadora da real relação de produção das classes hegemônicas alternativas na sociedade capitalista.

Como já mencionado, essa inversão permite ao capital usurpar o papel de "*produtor*" que, nas palavras de Marx, "*emprega o trabalho*", graças à desconcertante "*personificação das coisas e coisificação das pessoas*", e assim se legitima como precondição inalterável de realização do "interesse de todos". Como o conceito de "interesse de todos" é de fato importante – ainda que hoje seja usado de modo fraudulento para camuflar a total negação de sua substância para a esmagadora maioria das pessoas pelas pretensões formais e legais de "justiça e igualdade" –, não poderá haver nenhuma alternativa significativa e historicamente sustentável à ordem estabelecida sem a radical superação da abrangente relação capital em si. Essa é uma exigência *sistêmica* inadiável. *Exigências parciais* podem, e devem, ser defendidas por socialistas, desde que tenham relação direta ou indireta com a exigência, absolutamente fundamental, de superação da relação capital em si, que vai ao âmago da questão.

Essa exigência está em nítido contraste com o que hoje é permitido às forças de oposição pelos fiéis ideólogos e figuras políticas do capital. Seu principal critério para excluir a possibilidade até mesmo de demandas parciais importantes do trabalho é precisamente terem elas o potencial de afetar de forma negativa a estabilidade do sistema. Assim, por exemplo, a "ação industrial politicamente motivada", ainda que local, é categoricamente excluída (e mesmo tornada ilegal) "em uma sociedade democrática", porque poderia ter implicações negativas para o funcionamento normal do sistema. O papel dos *partidos reformistas*, pelo contrário, é bem-vindo porque suas demandas ajudam a reestabilizar o sistema em tempos difíceis – por meio da intervenção do arrocho salarial na indústria (com o *slogan* da necessidade de "apertar o cinto") e de acordos político-legislativos de controle sindical. Assim, suas demandas contribuem para a dinâmica da renovada expansão do capital, ou pelo menos são "neutras" no sentido de poderem ser no futuro, ou mesmo no momento de sua formulação, integradas à estipulada estrutura de normalidade.

A negação revolucionária do sistema do capital só será concebível por meio de uma intervenção organizacional estrategicamente sustentada e consciente. Embora a rejeição tendenciosamente parcial da "espontaneidade", por ser uma suposição sectária, deva ser tratada com as críticas que merece, não é menos nocivo subestimar a importância da *consciência revolucionária* e os *requisitos organizacionais* de seu sucesso. O fracasso histórico de alguns partidos importantes da Terceira Internacional, que uma vez professaram objetivos leninistas e revolucionários, como os partidos comunistas italiano e francês acima citados, não deve distrair nossa atenção da importância da *recriação das organizações políticas em um terreno muito mais seguro*, por meio das quais se realizará no futuro a transformação socialista vital de nossas sociedades. É evidente que uma reavaliação crítica contundente do que deu errado até agora é a parte mais importante desse processo de renovação. O que neste momento se mostra perfeitamente claro é que a *queda desintegrativa* desses partidos na ladeira escorregadia da *armadilha parlamentar* oferece uma importante lição para o futuro.

Apenas dois modos abrangentes de controle sociometabólico são viáveis hoje: a exploração de classe da ordem de reprodução do capital – imposta a qualquer custo pelas "personificações do capital" – que miseravelmente traiu a humanidade, levando-a nos nossos dias à beira da autodestruição; e a outra, diametralmente oposta à ordem estabelecida: a *alternativa* sociometabólica *hegemônica* do trabalho. Uma sociedade gerida por indivíduos sociais com base na *igualdade substantiva* que lhes permite desenvolver todo o seu potencial humano produtivo e intelectual, em harmonia com os requisitos metabólicos da natureza, em vez de se inclinarem para a destruição desta, portanto deles próprios, como ainda acontece no modo de controle sociometabólico incontrolável do capital. Por isso, nas condições atuais de crise estrutural do capital, nada além da *alternativa hegemônica abrangente* ao domínio do capital – expressa como a complementaridade dialética das *demandas imediatas* particulares, mas *não marginalizáveis*, e os *objetivos abrangentes da transformação sistêmica* – será capaz de constituir o programa válido do *movimento revolucionário consciente organizado* em todo o mundo.

A crise da nossa ordem social nunca foi tão grande quanto hoje. Sua solução é inconcebível sem a intervenção sustentada da política revolucionária numa escala adequada. A ordem dominante não é capaz de gerir seus interesses, nas condições de uma crise estrutural que se aprofunda, sem adotar medidas cada vez mais autoritárias e repressivas contra as forças opostas às tendências destrutivas em curso de desenvolvimento, e sem o engajamento de suas potências imperialistas hoje ocupadas em aventuras militares genocidas. Seria a maior das ilusões imaginar que uma ordem política e socioeconômica desse tipo fosse reformável, no interesse do trabalho, quando resistiu com firmeza à instituição de todas as mudanças significativas propostas pelo movimento reformista no curso de sua longa história, pois hoje a margem de ajustes acomodatícios se estreita diante da incontrolável inter-relação global das contradições e antagonismos do capital. Assim,

> dado o fato de a mais intratável das contradições do sistema global do capital ser aquela existente entre a *irrestringibilidade interna* de seus componentes econômicos e a hoje inevitável *necessidade de introdução de restrições significativas*, qualquer esperança de encontrar uma saída desse círculo vicioso em circunstâncias marcadas pela ativação dos limites absolutos deve ser aplicada à *dimensão política* do sistema. Assim, à luz das recentes medidas legislativas que já apontam nessa direção, não há dúvida de que todo o poder do Estado será ativado para servir ao fim de ajustar o círculo vicioso, ainda que isso signifique sujeitar toda dissensão potencial a *extremas restrições autoritárias*. Da mesma forma, não há dúvida de que a adoção ou não de tal "ação remediadora" (em conformidade com os limites estruturais do sistema global do capital), apesar de seu óbvio *caráter autoritário* e de sua *destrutividade*, vai depender da capacidade da classe trabalhadora de *rearticular de forma radical o movimento socialista como empresa verdadeiramente internacional*.[19]

Sem a adoção de uma perspectiva socialista internacional, o movimento dos trabalhadores não será capaz de adquirir a força necessária. Sob esse aspecto, a reavaliação crítica da história das Internacionais do passado não é menos importante que a crítica radical da "via parlamentar para o socialismo". De fato, as promessas não cumpridas dessas

---

[19] István Mészáros, *Para além do capital*, cit., p. 220.

duas abordagens estratégicas estão em íntima ligação. No passado, a incapacidade de concretizar as necessárias condições de sucesso para uma delas afetou de maneira profunda as perspectivas da outra, e vice-versa. De um lado, sem um movimento socialista autoassertivo forte não houve chance de fazer prevalecer a perspectiva socialista nos Parlamentos nacionais. Ao mesmo tempo, do outro lado, a esmagadora dominação do capital no cenário nacional e a acomodação dos movimentos de trabalhadores internacionalmente mal organizados às restrições parlamentares dadas e às tentações nacionalistas (clamorosamente enfatizadas pela capitulação dos partidos social-democratas à burguesia nacional no início da Primeira Guerra Mundial) tornaram impossível a transformação das Internacionais radicais numa força organizada eficaz e coesa de maneira estratégica.

Assim, a infeliz história das Internacionais radicais não foi de forma alguma acidental. Ligou-se à premissa irrealista da necessidade de uma *unidade doutrinária* no momento em que a operação no âmbito de uma estrutura política impunha sobre a esmagadora maioria do movimento dos trabalhadores a necessidade de acomodação parlamentar. De fato, não é incorreto dizer que a adoção de duas linhas de abordagem estratégica, uma ao lado da outra, foi, no passado, mutuamente exclusiva. Por isso, a necessária mudança no futuro não será viável sem que se discutam de maneira crítica os problemas de ambas. Apenas um movimento revolucionário consciente e consistente – que se afirme como alternativa hegemônica à ordem social do capital – será capaz de encontrar uma saída dessas dificuldades.

É claro que um movimento organizado revolucionário consciente de trabalhadores não poderá ser contido dentro da estrutura política restritiva do Parlamento dominado pelo poder extraparlamentar do capital. Ele também não terá sucesso como organização sectária auto-orientada. Poderá se definir com sucesso por meio de dois princípios orientadores vitais. Primeiro, a elaboração de *seu próprio programa extraparlamentar* orientado para os objetivos da alternativa hegemônica abrangente para assegurar uma transformação sistêmica fundamental. E, segundo, igualmente importante em termos de organização estratégica, o envolvimento ativo na constituição do necessário *movimento extraparlamentar de massas*, como o portador da alternativa revolucionária capaz de mudar, qualitativamente, também o processo legislativo. Isso representaria um grande passo na direção do fenecimento do Estado. Apenas por meio desses desenvolvimentos organizacionais, com o envolvimento direto das grandes massas será possível imaginar a realização da tarefa histórica de instituição da alternativa hegemônica dos trabalhadores no interesse da emancipação socialista abrangente.

ATUALIDADE HISTÓRICA
DA OFENSIVA SOCIALISTA

A atual "crise do marxismo" se deve principalmente ao fato de que muitos dos seus representantes continuam a adotar uma postura defensiva, numa época em que, após uma página histórica importante ter sido virada, deveríamos nos engajar numa ofensiva socialista em sintonia com as condições objetivas. Paradoxalmente, nos últimos 25 anos manifestou-se de maneira progressiva a crise estrutural do capital – daí o início da necessária ofensiva socialista num sentido histórico – e também se testemunhou a disposição de muitos marxistas, maior do que nunca, em buscar novas alianças defensivas e se envolver com todos os tipos de revisões e compromissos em grande escala, ainda que não tenham, de fato, nada para mostrar como resultado de tais estratégias fundamentalmente desorientadoras.

A desorientação em questão não é, de modo algum, apenas ideológica. Ao contrário, envolve todas as instituições de luta socialista que foram constituídas sob circunstâncias históricas defensivas. Por esse motivo, perseguem, sob o peso da sua própria inércia, modos de ação que correspondam diretamente ao seu caráter defensivo. E como a nova fase histórica inevitavelmente traz consigo o agravamento do confronto social, sob tais circunstâncias deve-se esperar – mas não idealizar – uma reação defensiva maior das instituições (e estratégias) de luta da classe trabalhadora. É lamentável, contudo, que as estruturas e estratégias defensivas existentes considerem inquestionáveis seus próprios pressupostos e procurem soluções que permanecem ancoradas nas condições da velha, e agora superada, fase histórica. Tudo isso deve ser enfatizado o mais firmemente possível para evitar a ilusão das soluções fáceis. Não basta, portanto, argumentar a favor de uma nova orientação ideológico-política caso se mantenham, tal como hoje, as formas institucionais e organizacionais relevantes. Se a desorientação corrente é a manifestação combinada dos fatores prático-institucional e ideológico em sua resposta por inércia às circunstâncias históricas que já não são as mesmas, seria ingênuo esperar uma solução no que muitos gostam de descrever como "clarificação ideológica". De fato, enquanto os dois devem desenvolver-se juntos nessa reciprocidade dialética, o *übergreifendes Moment* [momento predominante], na conjuntura atual, é a estrutura prático-institucional da estratégia socialista, que precisa ser reestruturada conforme as novas condições. Esses são os problemas que iremos tratar no presente livro.

1
A ofensiva necessária das instituições defensivas

1.1

Dizer que somos contemporâneos da nova fase histórica da ofensiva socialista não significa que, de agora em diante, o percurso seja tranquilo e a vitória esteja próxima. A expressão "atualidade histórica" não sugere mais do que explicita: que a ofensiva socialista com que deparamos é um fato *histórico*, em contraste com nossa condição objetiva, que há não muito é dominada por determinações defensivas inevitáveis. Ainda que *no fim* ("em última análise") as mudanças sociais acabem por se infiltrar nos canais e nos modos de mediação política e ideológica prevalecentes, a consciência não as registra de forma automática, por mais importantes que sejam. Mas antes mesmo de alcançarmos "a última análise", a inércia da forma anterior de resposta – tal como articulada em determinadas estratégias e estruturas organizacionais – continua a dominar a maneira como as pessoas definem suas próprias alternativas e margens de ação. Nesse sentido, o discurso sobre a "consciência de classe" que reprova o proletariado pela "falta de combatividade" demonstra apenas sua própria vacuidade, pois os instrumentos e as estratégias de ação socialista permanecem estruturados defensivamente.

Em razão da mudança da relação de forças e das circunstâncias, a atualidade histórica da ofensiva socialista corresponde, em primeiro lugar, ao desconfortável fato negativo de que algumas formas de ação anteriores ("as políticas de consenso", "a estratégia de pleno emprego", "a expansão do Estado de bem-estar social" etc.) estão bloqueadas objetivamente, o que impõe reajustes importantes na sociedade como um todo. Mas o fato de se estar partindo dessa "negatividade brutal" inicial não significa que os reajustamentos em questão serão positivos, mobilizando as forças socialistas num esforço consciente para se apresentarem como portadoras da ordem social alternativa capaz de substituir a sociedade em crise. Longe disso, como as mudanças exigidas são muito drásticas, em vez de aceitarmos de imediato o "salto para o desconhecido", é mais provável que se prefira seguir a "linha de menor resistência" ainda por um tempo considerável, mesmo que isso implique derrotas significativas e grandes sacrifícios para as forças socialistas. Apenas quando as opções da ordem predominante se esgotarem se poderá esperar por uma virada *espontânea* para uma solução radicalmente diferente. (O completo colapso da ordem social no curso de uma guerra perdida e os levantes revolucionários subsequentes, conhecidos da história passada, ilustram bem essa questão.)

Contudo, as dificuldades de uma resposta socialista adequada à nova situação histórica não mudam o caráter da própria situação, ainda que coloquem de novo em relevo o conflito potencial entre escalas de temporalidade – a estrutura histórica imediata e a geral de eventos e desenvolvimentos. É o caráter objetivo das novas condições históricas que *no fim* decide a questão, não importando os atrasos e desvios que possam acompanhar as circunstâncias dadas. A verdade é que existe um limite além do qual acomodações forçadas e imposição de novos sacrifícios se tornam intoleráveis, subjetivamente para os indivíduos envolvidos e objetivamente para a continuação do funcionamento da estrutura socioeconômica ainda dominante. Nesse sentido, e em nenhum outro, a atualidade histórica da ofensiva socialista – entendida como sinônimo do fim do sistema de melhorias relativas pela acomodação consensual – está destinada a impor-se a longo prazo, tanto na forma exigida da consciência social como em sua mediação estratégico-instrumental, mesmo que não possam existir garantias contra outras derrotas e decepções num curto prazo. Ainda que seja verdade – o que é bastante duvidoso – que os seres humanos tenham uma infinita capacidade para suportar absolutamente qualquer imposição sobre eles, incluindo as piores condições possíveis (o que é bastante duvidoso), a capacidade de adaptação do sistema global do capital é hoje muito menor do que essa.

1.2
Veremos em um momento de que forma as potencialidades objetivas da ofensiva socialista são inerentes à crise estrutural do próprio capital. Agora o objetivo é acentuar uma contradição principal: a ausência de instrumentos políticos adequados que poderiam transformar essa potencialidade em *realidade*. Além disso, o que torna as coisas ainda piores é a continuidade do domínio das mitologias passadas sobre a autoconsciência das organizações envolvidas, descrevendo

o partido leninista, por exemplo, como a instituição da ofensiva estratégica *par excellence*.

É certo que todos os instrumentos e organizações do movimento da classe trabalhadora existiram para superar alguns dos obstáculos principais na via para a emancipação. Em primeira instância, foram o resultado de explosões espontâneas e, como tal, representaram um *momento* de ataque. Mais tarde, como resultado de esforços conscientes, estruturas coordenadas emergiram tanto em países particulares como em escala internacional. Mas nenhuma delas poderia transpor o horizonte da luta por objetivos específicos, limitados, até mesmo se o objetivo estratégico *último* fosse uma transformação socialista radical de toda a sociedade. Não se deve esquecer que Lenin, de maneira brilhante – e realística –, definiu os objetivos dos bolcheviques entre fevereiro e outubro de 1917 como assegurar "Paz, Terra e Pão" de modo a criar uma base social viável para a revolução. Mas, mesmo em termos organizacionais básicos, o "Partido de Vanguarda" foi constituído de forma a poder se *defender* dos ataques cruéis de um Estado policial, sob as piores condições possíveis de clandestinidade, das quais inevitavelmente decorreu a imposição do segredo absoluto, de uma estrutura rígida de comando, da centralização etc. Se compararmos a estrutura fechada de modo autodefensivo desse partido de vanguarda com a ideia original de Marx de produzir "consciência comunista em escala de massa" – com a consequência necessária de uma estrutura organizacional inerentemente aberta –, teremos uma medida da diferença fundamental entre uma postura defensiva e outra ofensiva. Apenas quando as condições objetivas implícitas em tal propósito estão em processo de se desdobrar em escala global é possível imaginar realisticamente a articulação prática dos órgãos necessários à ofensiva socialista.

Na verdade, Lenin não teve nenhuma ilusão quanto a essa possibilidade, ainda que algumas interpretações tendam a descrever retrospectivamente seus objetivos à luz de uma esperança vazia. Ele baseou sua estratégia de quebrar "o elo mais fraco da corrente" numa interpretação da lei de desenvolvimento desigual, insistindo que

> revoluções *políticas* não podem em caso algum, nunca e em nenhuma condição, encobrir ou enfraquecer a palavra de ordem da revolução *socialista* [...] que não pode ser encarada como *um só ato*, mas como uma *época* de tempestuosas convulsões políticas e econômicas, de guerra civil, de revoluções e contrarrevoluções.[1]

---

[1] Vladimir Ilianov Lenin, "On the Slogan for a United States of Europe" (ago. 1915), em *Collected Works* (Moscou, Progress Publishers, 1974, v. 21), p. 339-40. [Disponível em: <http://www.marxists.org/archive/lenin/works/1915/aug/23.htm>. Ed. bras.: *Obras escolhidas em três volumes*, 3. ed., São Paulo, Alfa-Omega, 1986 – N. E.] Também vale mencionar que, nesse contexto, segundo *The Times* (22/7/1995), com base em um informe da AP de Moscou, a Corte Suprema [russa] premiou, com 9.400 libras esterlinas, por danos, Valentin Varennikov, um participante do golpe soviético de 1991 absolvido ano passado das acusações de traição. É significativo nessa pequena notícia que Varennikov tenha insistido na época do programado, mas, claro, jamais realizado, julgamento que ele queria ser julgado em público por sua alegada participação no golpe falso e mal conduzido de Gorbachev, de modo a ser capaz de revelar o que de fato tinha acontecido e quem deu as ordens. Não poderia, portanto, ter sido mais apropriado que o "golpe que nunca existiu" fosse seguido por um "julgamento que nunca existiu", e que todo aquele assunto sórdido tivesse por conclusão o pagamento de uma grande soma de dinheiro – em termos de rublos russos uma verda-

Nesse espírito, ele esperou que a revolução política de outubro abrisse a "época de tempestuosas conclusões políticas e econômicas", que se manifestaria no mundo inteiro por toda uma série de revoluções até que as condições de uma vitória socialista estivessem firmemente asseguradas. Quando a onda de motins revolucionários se esgotou sem resultados positivos importantes em outras partes, Lenin observou de forma racional que não se poderia devolver o poder aos czares, e continuou o trabalho de defender o que fosse possível naquelas circunstâncias. A princípio, ele esperava combinar o potencial político do "elo mais fraco" com as condições economicamente maduras dos países capitalistas "avançados". Foi o fracasso da revolução mundial que truncou de forma violenta sua estratégia, impondo-lhe os constrangimentos deformadores de uma defesa desesperada.

Lenin sempre teve a consciência da diferença fundamental entre a revolução política e a social (à qual denominou socialista), mesmo quando foi forçado de maneira irrevogável a defender a mera sobrevivência da revolução política, ao passo que Stalin ignorou essa distinção vital, fingindo que o *primeiro passo* na direção de uma vitória socialista já representava o próprio socialismo, que deveria simplesmente ser seguido pela entrada "na etapa superior do comunismo" em um país sitiado. Evidentemente, com tal mudança apologética de estratégia, na qual tudo tinha de ser cruelmente subordinado à defesa do stalinismo e ao mesmo tempo saudado como a maior vitória possível para a revolução socialista em geral, desapareceu também a diferença real entre estruturas e

---

deira fortuna – a um acusado pela Corte Suprema do país, em vez de uma sentença de prisão.

desenvolvimentos defensivos e ofensivos. E, enquanto Lenin, na ausência da revolução mundial, entendeu sua tarefa geral como uma *operação de manutenção* (a ser substituída no devido tempo pelos desenvolvimentos mundiais favoráveis), Stalin fez da miséria virtude. Ele transubstanciou a resposta política prevalecente aos constrangimentos particulares em um *ideal social* geral (e, portanto, compulsório), sobrepondo arbitrariamente a todos os processos sociais e econômicos a prática voluntarista de tentar resolver os problemas por meio de ditames políticos autoritários.

Desse modo, pudemos testemunhar um grande afastamento das intenções originais, em termos tanto dos objetivos fundamentais como das formas institucionais e organizacionais correspondentes. A concepção global de Marx tinha como objetivo estratégico a revolução social abrangente, a partir da qual os homens deveriam mudar "de cima a baixo as condições de sua existência industrial e política e, por conseguinte, toda a sua maneira de ser"[2]. Assim, as formas e instrumentos da luta teriam de corresponder ao caráter essencialmente *positivo* do empreendimento como um todo, em vez de serem bloqueados na fase *negativa* de uma ação *defensiva*. Por isso, ao se dirigir a um grupo de trabalhadores, Marx lembrou-lhes que não deveriam se contentar com a negatividade "retardadora do movimento depressivo" quando a tarefa consistia em "alterar sua direção"; que eles não deveriam aplicar "paliativos" quando o problema era "curar a doença". E afirmou não ser suficiente engajar-se de modo negativo/defensivo nas "inevitáveis

---

[2] Karl Marx, *The Poverty of Philosophy* (Londres, Lawrence & Wishart, 1936), p. 123. [Ed. bras.: *A miséria da filosofia*, trad. José Paulo Netto, São Paulo, Global, 1985, Coleção bases 46.]

lutas de guerrilha que emergem incessantemente dos eternos abusos do capital ou das flutuações do mercado"[3].

Contudo, quando precisou explicitar o lado *positivo* da equação, nas condições prevalecentes de subdesenvolvimento relativo do capital – ainda longe de suas verdadeiras barreiras e de sua crise estrutural –, Marx só pôde apontar o fato de que havia um processo de desenvolvimento objetivo em andamento, mas nenhuma mediação institucional e estratégica tangível para transformar aquele processo em vantagem duradoura. Como explicou ele, os trabalhadores "devem entender que, com todas as misérias que lhes impõe, o sistema atual engendra simultaneamente as *condições materiais* e as formas sociais necessárias para uma reconstrução econômica da sociedade"[4]. Assim, ele pôde indicar um aliado positivo nas condições materiais em amadurecimento da sociedade, mas não poderia ir além disso. Na mesma conferência, ele insistiu que a "guerrilha" é luta defensiva só contra os efeitos do sistema, oferecendo apenas a metáfora da "alavanca" a ser usada para uma mudança fundamental, não identificando de nenhuma maneira onde e como tal alavanca poderia ser inserida no centro estratégico do sistema a ser negado para poder produzir a transformação radical postulada.

Teria sido um milagre se fosse de outro modo, pois o movimento socialista, depois dos primeiros – mais ou menos espontâneos – ataques e explosões nascidos do desespero, encontrou-se na situação de fixar objetivos muito limitados em resposta aos desafios colocados pelas confrontações nacio-

---

[3] Idem, "Lohn, Preis, und Profit", em *Marx/Engels Werke* (MEW), v. 16, p. 153. [Ed. bras.: "Salário, preço e lucro", em Karl Marx e Friedrich Engels, *Textos 1*, São Paulo, Ed. Sociais, 1977, p. 377-8 .]
[4] Idem. Grifos de Marx.

nais particulares contra o pano de fundo da expansão global e do desenvolvimento dinâmico do capital. Assim, a Primeira Internacional logo experimentou as primeiras grandes dificuldades que, enfim, conduziriam à sua desintegração. E nenhuma mitologia retrospectiva poderia transformar a Comuna de Paris numa importante ofensiva socialista: não apenas porque foi brutalmente derrotada, mas sobretudo devido ao fato, muito acentuado pelo próprio Marx, de que não era em absoluto socialista[5]. Naturalmente, os debates relativos ao Programa de Gotha e à orientação estratégica do movimento da classe trabalhadora alemã seguiam as mesmas determinações defensivas. As condições objetivas para se imaginar a mera possibilidade de uma ofensiva hegemônica nem sequer estavam à vista e, nessa ausência, as severas limitações das formas organizacionais e estratégias possíveis também ficaram ocultas. Por isso, Marx, depois de definir as condições necessárias de uma revolução socialista bem-sucedida em termos do "desenvolvimento positivo dos meios de produção", declarou sem hesitação, ainda em 1881:

> É minha convicção que a conjuntura crítica para uma nova Associação Internacional dos Trabalhadores ainda não chegou e por isso eu considero todos os congressos de trabalhadores – em particular os congressos socialistas, na medida em que não estejam relacionados às condições *imediatas* desta ou daquela *nação particular* – não apenas

---

[5] "Tirando o fato de que era apenas o levante de uma cidade em condições excepcionais, a maioria da Comuna não era, de modo algum, socialista, nem o poderia ser. Com um pouco de bom senso, porém, eles poderiam ter chegado a um acordo com Versalhes útil para toda a massa popular – a única coisa que poderia ser alcançada na ocasião" (Karl Marx, "Carta a Domela Nieuwenhuis", 22/02/1881).

inúteis, mas prejudiciais. Eles sempre hão de se diluir em inumeráveis banalidades gerais e vazias.⁶

Desnecessário dizer, a Segunda Internacional, nesse particular, não trouxe qualquer melhoria. Ao contrário, pelo seu "economicismo" capitulou miseravelmente ante as determinações sociais/econômicas dominantes da condição defensiva global. Substituiu as exigências de uma estratégia ampla pela prática pedestre de "mudança gradual", traduzindo ao mesmo tempo sua capitulação defensiva na estrutura organizacional ossificada de uma "social-democracia" corruptamente casada com a manipulação parlamentar capitalista. Bem de acordo com isso, o período pós-guerra da expansão capitalista – saudado por muitos como a solução permanente das contradições do capital e também da integração estrutural da classe trabalhadora – encontrou seus porta-vozes e administradores mais entusiastas nesse movimento pseudossocialista de capitulação da social-democracia.

Ao contrário da Segunda Internacional – a qual, de certo modo, está conosco até hoje –, o momento histórico da Terceira Internacional foi relativamente breve. A onda revolucionária das fases finais da Primeira Guerra Mundial deu a ela um grande ímpeto original, mas mal se passaram doze meses de seu congresso fundador para que Lenin tivesse de admitir que "era evidente que o movimento revolucionário inevitavelmente perderia velocidade quando as nações assegurassem a paz"⁷.

---

⁶ Idem.

⁷ Vladimir Ilianov Lenin, "Speech Delivered at a Meeting of Activists of the Moscow Organization of the RCP(B)" (6/12/1920), em *Collected Works*, cit., v. 21, p. 441-2.

É significativo que o mesmo discurso que reconheceu ter passado a onda revolucionária no Ocidente se concentre enfaticamente na questão de concessões econômicas aos países capitalistas, tendo aprovado uma citação de Keynes com relação à importância de matérias-primas russas para a reconstituição e estabilização da economia global do capital e adotado de forma consciente essa estratégia para o futuro imediato. Quando os estrategistas da "Ação de Março" alemã embarcaram em sua ofensiva voluntarista, as determinações objetivas apresentavam forte vício contra qualquer ofensiva daquele tipo, impondo por muito tempo um tom trágico ao destino dos movimentos revolucionários socialistas.

O mundo do capital também resistiu com relativa facilidade à tempestade de sua "Grande Crise Econômica" de 1929-1933 sem ter de enfrentar uma confrontação hegemônica importante com as forças socialistas, apesar do sofrimento das massas provocado por essa crise. O fato é que a crise, por maior que fosse, estava longe de ser *estrutural*, ao deixar um grande número de opções abertas para a sobrevivência continuada do capital, bem como para sua recuperação e reconstituição mais forte do que nunca numa base economicamente mais saudável e ampla. Reconstruções políticas retrospectivas tendem a culpar personalidades e forças organizacionais por tal recuperação, em particular em relação ao sucesso do fascismo. Contudo, por maior que fosse o peso relativo de tais fatores políticos, não se pode esquecer que eles devem ser avaliados contra o pano de fundo de uma fase histórica essencialmente defensiva. Não tem sentido reescrever a história com a ajuda de condicionantes contrafactuais, mesmo que eles se refiram à ascensão do fascismo ou qualquer outra coisa. O que de fato importa é que, no período da crise de 1929-1933, o capital tinha a *opção do fascismo* (e soluções semelhantes), o que já não possui hoje. E, no plano objetivo, isso faz uma grande diferença no que tange às possibilidades de ação defensiva e ofensiva.

1.3

Dado o modo pelo qual foram constituídos – como partes integrantes de uma estrutura institucional complexa –, os órgãos de luta socialista poderiam ganhar batalhas individuais, mas não a guerra contra o capital. Para isso seria necessária uma reestruturação fundamental, de modo que eles se complementassem e intensificassem a eficácia uns dos outros em vez de debilitá-la pela "divisão do trabalho" imposta pela institucionalidade "circular" no interior da qual se originaram. Os dois pilares de ação da classe trabalhadora no Ocidente – partidos e sindicatos – estão, na realidade, inextrincavelmente ligados a um terceiro membro do conjunto institucional global: o Parlamento, que forma o círculo da sociedade civil/Estado político e se torna aquele "círculo mágico" paralisante do qual parece não haver saída.

Tratar os sindicatos, assim como outras (muito menos importantes) organizações setoriais, como se pertencessem, de alguma maneira, apenas à "sociedade civil" e que, portanto, poderiam ser usados contra o Estado político para uma profunda transformação socialista é um sonho romântico e irreal. Isso porque o círculo institucional do capital, na realidade, é feito das *totalizações recíprocas* da sociedade civil e do Estado político, que se interpenetram profundamente e se apoiam firmemente. Por isso, seria necessário muito mais que a derrubada de um dos três pilares – o Parlamento, por exemplo – para produzir a desejada mudança.

O lado problemático da estrutura institucional prevalecente revela-se com eloquência em expressões como "consciência sindical", "burocracia partidária" e "cretinismo parlamentar", para citar apenas um nome em cada categoria. O Parlamento, em particular, tem sido objeto de uma crítica muito justificada, e até hoje não há teoria socialista satisfatória sobre o que fazer com ele após a conquista do poder: um fato que expressivamente fala por si mesmo. Apesar de os clássicos do marxismo terem lutado contra "a indiferença à política" e a defesa igualmente sectária do "boicote ao Parlamento", eles não conseguiram imaginar um "estágio intermediário" (que, na verdade, poderia ser uma fase histórica muito longa). Um estágio que retivesse de forma significativa pelo menos algumas características importantes da estrutura parlamentar herdada, enquanto o longo processo de reestruturação radical fosse realizado na ampla escala necessária. Por exemplo, Marx levantou essa possibilidade, de maneira implícita, numa digressão surgida no contexto da mudança revolucionária associada ao uso da força como norma. Em um discurso importante, mas pouco conhecido, ele tentou resolver o problema da seguinte forma:

> O trabalhador vai algum dia ter de ganhar a supremacia política para organizar o trabalho segundo *novas linhas*: ele terá de derrotar a *política velha* que apoia *velhas instituições* [...].
> Mas nós não temos, de modo algum, afirmado que essa meta seria alcançada por meios idênticos. Nós conhecemos as *concessões* que temos de fazer às *instituições, costumes* e *tradições* dos vários países; e não negamos que há países como os Estados Unidos, a Inglaterra, e eu acrescentaria a Holanda se conhecesse melhor suas instituições, onde os

trabalhadores podem alcançar sua meta por *meios pacíficos*. Se isso é verdade, também temos de reconhecer que na maioria dos países continentais é a *força* que deverá ser a alavanca de revoluções; é *à força* que teremos algum dia de recorrer para estabelecer um reinado do trabalho.[8]

É discutível se o assunto em questão se refere apenas às "concessões" que devam ser feitas a algumas restrições herdadas: a importância do Parlamento é muito grande para ser tratada de passagem, ao lado de "costumes e tradições". É compreensível que, na concepção de Marx da política como *negação radical*, o Parlamento apareça geralmente em sua negatividade quase grotesca, resumida no *dictum* "Iludir os outros e iludir-se ao iludi-los – esse é o extrato concentrado da *sabedoria parlamentar! Tant mieux!*"[9]. "Tanto melhor" ou "tanto pior"?

Como o sistema parlamentar afeta profundamente todas as instituições da luta socialista que porventura estejam intimamente ligadas a ele, com certeza deve ser "tanto pior". E, se acrescentarmos a consideração – levantada por Marx como uma possibilidade histórica séria e não como um gesto vazio de propaganda fracionista de partido – de que a mudança revolucionária possa usar *meios pacíficos*, nesse caso torna-se ainda mais imperativa a reorientação radical da "sabedoria parlamentar" para a retroalimentação de objetivos socialistas.

---

[8] Anotações de um repórter sobre o discurso feito por Marx na reunião celebrada em Amsterdã, em 8/9/1872. (Cf. Karl Marx, *Marx/Engels Werke* [MEW], v. 18, p. 160.)

[9] Karl Marx, "Carta a N. F. Danielson" (19/02/1881), em *Marx/Engels Werke* (MEW), v. 35, p. 157. Grifos de Marx.

A experiência das sociedades do "socialismo real" mostra com clareza que é impossível demolir apenas um dos três pilares da estrutura institucional herdada, porque, de uma maneira ou de outra, os dois que permanecem acabam por cair com ele. Quando pensamos na existência apenas nominal dos sindicatos nessas sociedades, bem como na experiência da Polônia e na reemergência do limbo de um sindicalismo com uma amarga independência sob a forma do "Solidariedade", torna-se claro que equilibrar a sociedade no topo do único pilar remanescente é totalmente insustentável a longo prazo. Menos óbvio, entretanto, é o que acontece ao próprio partido na sequência da conquista de poder. O "Partido de Vanguarda" de Lenin reteve algumas características organizacionais constituídas na ilegalidade e na luta pela mera sobrevivência contra o Estado policial czarista. Mas, ao se tornar o governante inquestionável do novo Estado, deixou de ser um partido leninista e tornou-se o *Partido-Estado*, impondo e também sofrendo todas as consequências que tal mudança necessariamente acarreta. Assim, fica extremamente difícil, senão impossível, a transferência do poder de um conjunto de indivíduos a outro (uma ocorrência burlescamente comum na estrutura parlamentar), ou mesmo uma mudança parcial na política quando se alteram as circunstâncias.

A natureza da estrutura institucional global também determina o caráter de suas partes constituintes e, vice-versa, os "microcosmos" particulares de um sistema sempre exibem as características essenciais do "macrocosmo" a que pertencem. Nesse sentido, qualquer mudança que ocorra num componente particular só pode se tornar algo efêmero, a menos que possa reverberar plenamente por todos os canais do complexo institucional total, dando assim início às mudanças exigidas no sistema inteiro de totalizações recíprocas e interdeterminações. Como insistiu Marx, não bastava ganhar "lutas de guerrilha", que poderiam ser neutralizadas e mesmo anuladas pelo poder de assimilação e integração do sistema dominante. O mesmo era verdade para o triunfo em *batalhas individuais* quando, em última instância, a questão era decidida nos termos das condições de ganhar a *guerra*.

Por isso a atualidade histórica da ofensiva socialista tem imenso significado. Pois, sob as novas condições da crise estrutural do capital, torna-se possível ganhar muito mais do que algumas grandes (mas, no fim das contas, terrivelmente isoladas) *batalhas*, como as Revoluções Russa, Chinesa e Cubana. Ao mesmo tempo, não há possibilidade de minimizar o caráter doloroso do processo envolvido, que requer importantes ajustes estratégicos e mudanças institucionais e organizacionais radicais correspondentes em todas as áreas e em toda a extensão do movimento socialista.

2
Das crises cíclicas à crise estrutural

2.1
Como mencionado, a crise do capital que experimentamos hoje é fundamentalmente estrutural. Assim, não há nada de especial em associar capital e crise. Pelo contrário, crises de intensidade e duração variadas são o modo *natural* de existência do capital: são maneiras de progredir para além de suas barreiras imediatas e, desse modo, estender com dinamismo cruel sua esfera de operação e dominação. Nesse sentido, a última coisa que o capital poderia desejar seria uma superação *permanente* de todas as crises, mesmo que seus ideólogos e propagandistas com frequência sonhem com (ou ainda, reivindiquem a realização de) exatamente isso.

A novidade *histórica* da crise atual torna-se manifesta em quatro aspectos principais:

1. seu *caráter* é *universal*, em lugar de restrito a uma esfera particular (por exemplo, financeira ou comercial, ou afetando este ou aquele ramo particular de produção, aplicando-se a este e não àquele tipo de trabalho, com sua gama específica de habilidades e graus de produtividade etc.);

2. seu *alcance* é, de fato, *global* (no sentido mais literal e ameaçador do termo), em lugar de limitado a um conjunto particular de países (como foram todas as principais crises no passado);

3. sua *escala de tempo* é extensa, contínua – se preferir, *permanente* – em lugar de limitada e *cíclica*, como foram todas as crises anteriores do capital; e

4. em contraste com as erupções e os colapsos mais espetaculares e dramáticos do passado, seu *modo* de se desdobrar poderia ser chamado de *rastejante*, desde que acrescentemos a ressalva de que nem sequer as convulsões mais veementes ou violentas poderiam ser excluídas no que se refere ao futuro: a saber, quando a complexa maquinaria – agora ativamente empenhada na "administração da crise" e no "deslocamento" mais ou menos temporário das crescentes contradições – perder sua energia.

Seria tolo ao extremo negar que tal maquinaria existe e é poderosa, nem se deveria excluir ou minimizar a capacidade do capital de somar novos instrumentos ao seu já vasto arsenal de autodefesa contínua. Não obstante, o fato de que a maquinaria existente esteja sendo posta em jogo com frequência crescente e eficácia decrescente é uma medida apropriada da gravidade da crise estrutural que se aprofunda.

Aqui, temos de nos concentrar em alguns componentes da crise em andamento. Se no período pós-guerra tornou-se embaraçosamente antiquado falar de crise capitalista – mais um sinal da postura defensiva do movimento do trabalho já mencionado –, isso decorreu não apenas da operação prática bem-sucedida da maquinaria que desloca (por difundir e retirar a espoleta explosiva) as próprias contradições. Decorreu também da mistificação ideológica (do "fim da ideologia" ao "triunfo do capitalismo" organizado e à "integração da classe trabalhadora" etc.) que apresentou o *mecanismo de deslocamento* sob o disfarce de remédio estrutural e *solução permanente*.

Naturalmente, quando já não é mais possível ocultar as manifestações da crise, a mesma mistificação ideológica que ontem anunciava a solução final de todos os problemas sociais hoje atribui seu reaparecimento a fatores meramente *tecnológicos*, despejando suas enfadonhas apologias sobre a "Segunda Revolução Industrial", "o colapso do trabalho", a "revolução da informação" e os "descontentamentos culturais da sociedade pós-industrial".

Para apreciar a novidade histórica da crise estrutural do capital, precisamos localizá-la no contexto dos acontecimentos sociais, econômicos e políticos do século XX. Mas antes são necessárias algumas observações gerais sobre os critérios de uma crise estrutural, bem como sobre as formas nas quais podemos imaginar sua solução.

Em termos simples e gerais, uma crise estrutural afeta a *totalidade* de um complexo social em todas as relações com suas partes constituintes ou subcomplexos, como também a outros complexos aos quais é articulada. Uma crise não estrutural, em vez disso, afeta apenas algumas partes do complexo em questão e assim, não importa o grau de gravidade em relação às partes afetadas, não pode pôr em risco a sobrevivência contínua da estrutura global.

Desse modo, o deslocamento das contradições só é possível enquanto a crise for parcial, relativa e internamente manejável pelo sistema, demandando apenas mudanças – mesmo que importantes – no *interior* do próprio sistema relativamente autônomo. É por isso que uma crise estrutural põe em questão a própria existência do complexo global envolvido, postulando sua transcendência e sua substituição por algum complexo alternativo. O mesmo contraste pode ser expresso em termos dos limites que qualquer complexo social particular tenha em sua imediaticidade, em qualquer momento determinado, se comparado àqueles além dos quais não se concebe ir. Assim, uma crise estrutural não está relacionada aos limites *imediatos*, mas aos limites *últimos* de uma estrutura global. Os imediatos podem ser ampliados de três modos diferentes:

a. modificação de algumas partes de um complexo em questão;

b. mudança geral de todo o sistema ao qual os subcomplexos particulares pertencem;

c. alteração significativa da relação do complexo global com outros complexos fora dele.

Por conseguinte, quanto maior a complexidade de uma estrutura fundamental e de suas relações com as demais estruturas com que se articula, mais variadas e flexíveis serão suas possibilidades objetivas de ajuste e suas chances de sobrevivência mesmo em condições de crise extremamente severas. Em outras palavras, contradições parciais e "disfunções", ainda que em si mesmas severas, podem ser deslocadas e tornadas difusas – dentro dos *limites últimos* ou *estruturais* do sistema – e as forças ou tendências contrárias neutralizadas, assimiladas, anuladas, ou mesmo transformadas em força que sustenta de forma ativa o sistema em questão. Daí o problema da acomodação reformista. Todavia, tudo isso deveria ser mantido em perspectiva, em contraste com as teorias, grotescamente exageradas, da "integração da classe trabalhadora" que estavam em voga há não muito tempo. A integração inegável da liderança da maioria dos partidos e sindicatos da classe trabalhadora não deveria ser confundida com a hipostasiada – mas estruturalmente impossível – integração do trabalho como tal no sistema do capital.

Ao mesmo tempo, deve-se enfatizar que, quando as opções múltiplas de ajuste interno começam a ser esvaziadas, nem mesmo a "maldição da interdependência" (que tende a paralisar as forças de oposição) pode prevenir a desintegração estrutural final. Sem dúvida, dado o caráter intrínseco das estruturas envolvidas, é inconcebível pensar em tal desintegração como um ato súbito a ser seguido por uma transformação igualmente veloz. A crise estrutural "rastejante" – que, entretanto, avança de forma implacável – só pode ser entendida como um processo contraditório de *ajustes recíprocos* (uma espécie de "guerra de atrito"), que só pode ser concluído após um longo e doloroso processo de *reestruturação radical* inevitavelmente ligado às suas próprias contradições.

2.2

No que se refere ao mundo do capital, as manifestações da crise estrutural podem ser identificadas em suas várias dimensões internas, bem como nas instituições políticas. Como acentuou Marx repetidas vezes, está na natureza do capital superar as barreiras que encontra:

> A tendência a criar o mercado mundial está presente de maneira direta no próprio conceito do capital. Todo limite aparece como uma barreira a ser superada. A princípio, para subjugar todo momento da produção em si à troca e para suspender a produção de valores de uso direto que não

participam da troca [...]. Mas o fato de o capital definir cada um desses limites como uma barreira e, como consequência, avançar idealmente para além dela não significa, de modo algum, que a tenha de fato superado e, já que toda barreira contradiz seu caráter, sua produção se mova em contradições que são constantemente superadas, mas que, da mesma maneira, são continuamente repostas. Além disso, a universalidade que o capital persegue de modo irresistível encontra barreiras em sua própria natureza, que, em certa fase de seu desenvolvimento, permite que ele se reconheça como sendo, ele próprio, a maior barreira a essa tendência, e em consequência o impulsionará para sua própria suspensão.[1]

No curso do desenvolvimento histórico real, as três dimensões fundamentais do capital – produção, consumo e circulação/distribuição/realização – tendem a se fortalecer e a se ampliar por um longo tempo, provendo também a motivação interna necessária para sua reprodução dinâmica recíproca em escala cada vez mais ampliada. Desse modo, em primeiro lugar, são superadas com sucesso as limitações *imediatas* de cada uma graças à interação entre elas. (Por exemplo, a barreira imediata para a produção é positivamente superada pela expansão do consumo e vice-versa.) Assim, os limites parecem de fato meras barreiras a ser transcendidas e as contradições imediatas não são apenas deslocadas, mas utilizadas de modo direto como alavancas para o aumento exponencial do poder aparentemente ilimitado de autopropulsão do capital.

---

[1] Karl Marx, *Grundrisse: Foundations of the Critique of Political Economy* (trad. Martin Nicolaus, Londres, Penguin, 1973), p. 408, 410. [Disponível em: <http://www.marxists.org/archive/marx/works/1857/grundrisse/ch08.htm#p402> – N. E.]

De fato, não pode haver qualquer crise estrutural enquanto esse mecanismo vital de autoexpansão (que simultaneamente é o mecanismo para transcender e deslocar internamente as contradições) continuar funcionando. Pode haver todos os tipos de crises, com duração, frequência e gravidade variadas, que afetam de forma direta uma das três dimensões e *indireta*, até que o obstáculo seja removido, o sistema como um todo, sem, porém, colocar em questão os limites últimos da estrutura global. (Por exemplo, a crise de 1929-1933 foi, em essência, uma "crise de realização", em função do nível absurdamente baixo de produção e consumo se comparado ao período pós-guerra.)

É certo que a crise estrutural não se origina por si só em alguma região misteriosa: reside dentro das três dimensões internas mencionadas e delas emana. Não obstante, as disfunções de cada uma, consideradas separadamente, devem ser distinguidas da crise fundamental do todo, que consiste no *bloqueio sistemático* das partes constituintes vitais.

É importante fazer essa distinção porque – dadas as interconexões objetivas e as determinações recíprocas em circunstâncias específicas – até mesmo um bloqueio temporário de *um* dos canais internos pode emperrar todo o sistema com relativa facilidade, criando a *aparência* de uma crise estrutural juntamente com algumas estratégias voluntaristas resultantes da percepção equivocada de um bloqueio temporário como crise estrutural. Nesse contexto vale lembrar a avaliação fatalmente otimista que Stalin fez da crise do final da década de 1920 e as consequências devastadoras que aquela teve para as políticas implementadas por ele tanto no plano interno como no internacional.

2.3

Outra concepção equivocada a ser abandonada é a de que a crise estrutural se refere a algumas condições *absolutas*. Não é assim. Sem dúvida, todas a três dimensões fundamentais do funcionamento continuado do capital têm seus limites absolutos que podem ser identificados com clareza. (Por exemplo, os limites absolutos da produção podem ser expressos pelos meios e materiais de produção, os quais, por sua vez, podem ser melhor especificados como o colapso total do suprimento de certas matérias-primas fundamentais. Ainda, como o colapso também total – não apenas a "subutilização" – da maquinaria produtiva disponível decorrente, por exemplo, do abuso irresponsável e inconsequente dos recursos energéticos.) Mas, apesar de tais considerações, com certeza, não serem irrelevantes, elas sofrem da carência de especificidades sociais (como testemunham muitos argumentos dos ambientalistas), que debilitam de maneira desnecessária suas próprias armas críticas ao associá-las às expectativas do dia de um juízo final que pode *jamais* se materializar.

- A crise estrutural do capital, que começamos a experimentar nos anos 1970, relaciona-se, na realidade, a algo muito mais modesto que as tais condições absolutas. Significa apenas que a tripla dimensão interna da autoexpansão do capital exibe perturbações cada vez maiores. Ela não apenas tende a romper o processo normal de crescimento, mas também pressagia uma falha em sua função vital de deslocar as contradições acumuladas do sistema.

- As dimensões internas e as condições inerentes à autoexpansão do capital constituíram desde o início uma unidade *contraditória*, e de modo algum não problemática, na qual uma tinha de ser "subjugada" à outra (como Marx colocou: para "subjugar todo momento da produção em si à troca"), de modo a fazer funcionar o complexo global. Ao mesmo tempo, enquanto a reprodução ampliada de cada uma pudesse continuar imperturbada – isto é, enquanto fosse possível cavar buracos cada vez maiores para encher com a terra assim obtida os buracos menores anteriormente cavados –, não só cada uma das dimensões internas contraditórias poderia ser fortalecida em separado como elas também poderiam funcionar em uma harmonia "contrapontual".

A situação muda radicalmente porém, quando os interesses de cada uma deixam de coincidir com os das outras, até mesmo em última análise. A partir desse momento, as perturbações e "disfunções" antagônicas, em vez de serem absorvidas/dissipadas/desconcentradas e desarmadas, tendem a se tornar *cumulativas* e, portanto, *estruturais*, trazendo com elas um perigoso bloqueio ao complexo mecanismo de *deslocamento das contradições*. Desse modo, aquilo com o que nos confrontamos não é mais apenas "disfuncional", mas potencialmente muito explosivo. Isso porque o capital nunca, jamais, *resolveu* sequer a menor de suas contradições.

Nem poderia fazê-lo, na medida em que, por sua própria natureza e constituição inerente, o capital nelas *prospera* (até certo ponto, com relativa segurança). Seu modo normal de lidar com contradições é intensificá-las, transferi-las para um nível mais elevado, deslocá-las para um plano diferente, suprimi-las quando possível e, quando elas não puderem mais ser suprimidas, exportá-las para uma esfera ou um país diferente. É por isso que o crescente bloqueio no deslocamento e na exportação das contradições internas do capital é potencialmente tão perigoso e explosivo.

Desnecessário dizer que essa crise estrutural não está confinada à esfera socioeconômica. Dadas as determinações inevitáveis do "círculo mágico" do capital já referidas, a profunda crise da "sociedade civil" reverbera de forma ruidosa em todo o espectro das instituições políticas. Nas condições socioeconômicas cada vez mais instáveis, são necessárias novas "garantias políticas", muito mais poderosas, que não podem ser oferecidas pelo Estado capitalista tal como se apresenta hoje. Assim, o desaparecimento ignominioso do Estado de bem-estar social expressa de maneira clara a aceitação do fato de que a *crise estrutural de todas as instituições políticas* já fermenta sob a crosta da "política de consenso" há bem mais de duas décadas.

O que precisa ser acentuado aqui é que as contradições subjacentes de modo algum se dissipam na crise das instituições *políticas*; ao contrário, afetam toda a sociedade de um modo nunca antes experimentado. De fato, a crise estrutural do capital revela-se como uma verdadeira *crise de dominação* em geral.

Quem acha que isso soa muito dramático deveria olhar à sua volta, em todas as direções. É possível encontrar alguma esfera de atividade ou algum conjunto de relações humanas não afetado pela crise? Cento e quarenta anos atrás, Marx ainda podia falar sobre "a grande influência civilizadora do capital", enfatizando que, por meio dela,

> pela primeira vez, a natureza torna-se mero objeto para a humanidade, mera questão de utilidade; cessa de ser reconhecida como um poder em si mesma; e a descoberta teórica de suas leis autônomas aparece apenas como um ardil para

submetê-la às necessidades humanas, como um objeto de consumo ou como meio de produção. De acordo com essa tendência, o capital ultrapassa as barreiras e os preconceitos nacionais, a adoração da natureza, assim como também todas as satisfações tradicionais, limitadas, complacentes, embutidas, das necessidades presentes e as reproduções dos velhos modos de vida.[2]

E para onde tudo isso conduz? O capital não pode ter outro objetivo que não sua própria autorreprodução, à qual tudo, da natureza a todas as necessidades e aspirações humanas, deve se subordinar de modo absoluto.

Assim, a influência civilizadora encontra seu fim devastador no momento em que a implacável lógica interna da autorreprodução ampliada do capital encontra seu obstáculo nas necessidades humanas. Em 1981, o orçamento militar nos Estados Unidos chega a 300 bilhões de dólares (e quem sabe quanto mais além disso, sob vários outros disfarces orçamentários) e isso desafia a compreensão humana. Ao mesmo tempo, os serviços sociais mais elementares são submetidos a duros cortes: uma verdadeira medida do "trabalho civilizador" do capital hoje. Contudo, até mesmo tais somas e cortes estão muito longe de ser suficientes para permitir ao capital seguir imperturbável o seu caminho: uma das provas mais evidentes da crise de dominação.

A devastação sistemática da natureza e a acumulação contínua do poder de destruição – para as quais se destina em todo o mundo uma quantia superior a 1 trilhão de dólares por ano – indicam o lado material amedrontador da lógica absurda de desenvolvimento do capital. Ao mesmo tempo, ocorre a negação completa das necessidades elemen-

---

[2] Ibidem, p. 313.

tares de incontáveis milhões de famintos: o lado esquecido e que sofre as consequências dos trilhões desperdiçados. O lado humano paralisante desse desenvolvimento é visível não só na obscenidade do "subdesenvolvimento" forçado, mas em todos os lugares, inclusive na maioria dos países de capitalismo avançado.

O sistema de dominação existente está em crise porque suas *raison d'être* e justificação históricas desapareceram, e já não podem mais ser reinventadas, por maior que seja a manipulação ou a pura repressão. Desse modo, manter milhões de excluídos e famintos, quando os trilhões desperdiçados poderiam alimentá-los mais de *cinquenta vezes*, coloca em perspectiva o absurdo desse sistema de dominação.

O mesmo é verdade para tantas outras grandes questões humanas que começaram a mobilizar as pessoas há relativamente pouco tempo. Durante décadas, a literatura sociológica produziu simpáticos contos de fadas sobre o "conflito de gerações" (que, no verdadeiro espírito do "fim da ideologia", tentou transformar os graves sinais das contradições de classe em nobres vicissitudes de gerações atemporais); agora ela tem de fato sobre o que escrever. No entanto, os esquemas pré-fabricados de mistificação psicossociológica não se ajustam ao quadro real. Isso porque o chamado conflito de gerações, no momento em que foi apologeticamente circunscrito, já estava solucionado, na medida em que toda "rebelião da juventude" evoluía, no devido tempo, para a maturidade sensata dos pagamentos da hipoteca e da acumulação de uma poupança para a velhice, de modo a garantir uma existência cômoda até a sepultura, e mesmo para além dela, pela reprodução eterna das novas "gerações" do capital. Quaisquer que fossem as dificuldades apresentadas pela "natureza" – e, supostamente, a noção de "geração" deveria ser apenas uma categoria da natureza –, a tranquilização vinha da ideia de que o capital, graças a Deus, seria, como de costume, a solução. Porém, a verdade tornou-se o exato oposto, já que o capital não apenas não soluciona como ainda *gera* o conflito real de gerações em escala sempre crescente. Em todo país capitalista importante, nega-se oportunidade de trabalho para milhões de homens, obliterando sem cerimônia a lembrança não tão antiga das diferenças com a "cultura jovem", enquanto espreme até a última gota de lucro das sobras de tal cultura. Ao mesmo tempo, alguns milhões de pessoas mais velhas são forçadas a se juntar às filas de doações aos necessitados, enquanto muitos milhões a mais estão sob a imensa pressão de uma "aposentadoria precoce", da qual a seção mais dinâmica do capital contemporâneo – o capital financeiro – pode sugar durante algum tempo ainda um pouco mais de lucro. Assim, o grupo etário da "geração útil" está encolhendo para uma faixa entre 25 e 50 anos, opondo-se *objetivamente* às "gerações indesejadas", condenadas pelo capital à inatividade obrigada e à perda de sua humanidade. E, então, já que agora a geração intermediária é comprimida entre "jovens inúteis" *e* "velhos inúteis" – até que ela própria se torne supérflua quando assim determinar o capital –, mesmo os planos temporais dessas contradições se tornam de todo confusos.

É típico que as soluções propostas nem sequer arranhem a superfície do problema, sublinhando, mais uma vez, que estamos à frente de uma contradição interna insolúvel do próprio capital. O que realmente está em jogo é o papel do trabalho no universo do capital, uma vez que se tenha alcançado um nível muito alto de produtividade. Para resolver as contradições assim geradas, seria necessária uma significativa reviravolta que afetasse não apenas as próprias condições imediatas de trabalho, mas também todas as facetas da vida social, inclusive as mais íntimas. O capital, ao contrário, pode produzir apenas as condições materiais necessárias para o desenvolvimento do indivíduo social autônomo, de modo a negá-las de imediato. Também as nega no âmbito material quando ocorrem crises econômicas, bem como nos âmbitos político e cultural quando é do interesse de sua própria e contínua sobrevivência como estrutura final de dominação.

Considerando que o capital só pode funcionar por meio de contradições, ele tanto cria como destrói a família; produz a geração jovem economicamente independente com sua "cultura jovem" e a arruína; gera as condições para uma velhice potencialmente confortável, com reservas sociais adequadas, para sacrificá-las aos interesses de sua infernal maquinaria de guerra. Seres humanos são, ao mesmo tempo, absolutamente necessários e totalmente supérfluos para o capital. Se não fosse pelo fato de que o capital necessita do trabalho vivo para sua autorreprodução ampliada, o pesadelo do holocausto da bomba de nêutrons certamente se tornaria realidade. Mas, já que tal "solução final" é negada ao capital, somos confrontados com as consequências desumanizadoras de suas contradições e com a crise crescente do sistema de dominação.

É possível que tal desumanização não seja tão óbvia quanto a que se reflete na luta cada vez mais intensa pela liberação das mulheres. Foram destruídos de maneira irreparável os fundamentos econômicos da antiga justificação histórica da opressão das mulheres, e o próprio avanço produtivo do capital desempenhou aí um papel central. Mas, de novo, podemos perceber as contradições inerentes. Em um sentido – para seus propósitos particulares – o capital ajuda a liberar as mulheres para melhor poder explorá--las como membros de uma força de trabalho muito mais variada e convenientemente "flexível". Ao mesmo tempo, precisa manter a sua subordinação social em outro plano – para a reprodução sem problemas da força de trabalho e a perpetuação da estrutura familiar predominante –, a fim de salvaguardar sua própria dominação como senhor absoluto do próprio sociometabolismo.

Assim, evidencia-se com clareza que os sucessos parciais podem se evaporar de um momento para o outro – as mulheres estão entre os primeiros a serem forçados ao desemprego ou aos empregos de meio período com remunerações miseráveis –, já que os interesses globais do capital predominam sobre os mais limitados. Dado o fato de que a questão real é o sistema existente de dominação e que os sucessos significativos da liberação feminina obrigatoriamente abrem nele profundas brechas, minando sua viabilidade, qualquer coisa que não possa ser mantida rigorosamente dentro dos limites fixados pela busca de lucro deve ser reprimida. Ao mesmo tempo, o importante envolvimento do capital na destruição de toda justificação econômica da opressão das mulheres torna impossível solucionar esse problema por meio de um mecanismo *econômico*. (Na realidade, apenas em termos econômicos o equilíbrio aponta com frequência na direção oposta, contribuindo assim para o aguçamento dessa contradição.)

Uma vez que a família é o verdadeiro microcosmo da sociedade – cumprindo, além de suas funções imediatas, a necessidade de assegurar a continuidade da propriedade, à qual se acrescenta seu papel como unidade básica de distribuição e sua capacidade de agir como "correia de transmissão" da estrutura de valor predominante na sociedade –, a causa da liberação das mulheres afeta de forma direta ou indireta a totalidade das relações sociais em toda a sua fragilidade. Neste particular, o aparente impasse atual, sob a pressão imediata da crise econômica, é bastante enganador. Isso porque, considerando o fato de uma perspectiva de tempo maior, podemos observar uma mudança dramática, na medida em que a família de *três gerações* que tínhamos antes da última guerra se transformou agora, com efeito, em uma família de *uma geração*: com todas as consequências altamente benéficas para a expansão da economia de consumo.

Nem mesmo isso é mais suficiente. Daí as pressões contraditórias por mudanças adicionais – ainda que, na realidade, tenham-se esgotado as possibilidades de tais mudanças *enquanto* se mantiver a atual estrutura familiar –, assim como pressões igualmente fortes para, no sentido oposto, restabelecer os velhos "valores da família" patriarcal, no interesse da sobrevivência continuada do capital. São a presença e a intensidade simultâneas de forças a pressionar irreprimivelmente em direções opostas que fazem da atual crise estrutural do capital uma verdadeira crise de dominação.

2.4
Em comparação com tudo isso, a crise de 1929-1933 foi, sem dúvida, de um tipo muito diferente. Por mais severa e prolongada que tenha sido, ela afetou um número limitado de dimensões complexas e de mecanismos de autodefesa do capital, conforme o estado relativamente subdesenvolvido de suas potencialidades globais na ocasião. Mas, antes que essas potencialidades pudessem ser desenvolvidas por completo, alguns importantes anacronismos políticos

precisaram ser eliminados, o que se percebeu durante a crise com brutal clareza e implicações de longo alcance.

Ao estourar a crise em 1929, o capital havia alcançado as fases finais de sua transição da "totalidade extensiva" para a incansável descoberta e exploração dos territórios escondidos da "totalidade intensiva", como resultado do grande impulso produtivo recebido durante a Primeira Guerra Mundial e durante o período de reconstrução do pós-guerra. Embora diferentes países tenham sido afetados de formas diversas (dependendo do grau relativo de desenvolvimento do capital e da sua situação como vencedores ou perdedores), as novas contradições emergiram, essencialmente, porque os avanços produtivos qualitativos do período já não podiam ser contidos nos limites das relações de poder, antiquadas historicamente, da "totalidade extensiva" predominante.

No fim da década de 1870, Marx já havia observado que o capital nos Estados Unidos representava de longe a força mais dinâmica do sistema global: uma verdade que se tornou ainda mais evidente meio século depois, na década de 1920. Mas, apesar do papel vital que o capital norte-americano desempenhou para se vencer a guerra, o *status quo* político da dominação global ainda em vigor (estabelecido muito tempo antes) condenava-o a ser quase um segundo violino do imperialismo britânico: anacronismo que, é óbvio, não pôde ser tolerado indefinidamente.

Não surpreende, portanto, que o imperativo de um novo início se cristalizasse durante a "Grande Crise Mundial". As pressões devastadoras dessa crise que parecia sem fim tornaram bastante claro que o capital dos Estados Unidos tinha de remodelar todo o mundo do capital à sua própria imagem, mais dinâmica, e que não havia alternativa caso se quisesse superar não apenas as condições críticas imediatas, mas também a perspectiva de uma depressão crônica. Por isso, sob a intensa retórica do "Discurso inaugural" de Roosevelt em 1933, a mensagem de fato significativa foi a perspectiva radicalmente nova do colonialismo *neocapitalista* sob a hegemonia estadunidense. Nele se previram não apenas as frustrações de Churchill durante a guerra e os acordos de Yalta, mas também, e acima de tudo, a absorção, para todos os fins e propósitos, dos Impérios Britânico e Francês pelos interesses mais altos da "totalidade intensiva" do capital e a relegação das modalidades historicamente antiquadas de imperialismo e colonialismo à segunda divisão, lugar que, com efeito, lhes cabia.

A mitologia liberal gosta de se lembrar de Roosevelt como "homem do povo" e defensor incansável do New Deal. Na verdade, porém, sua reivindicação de fama histórica duradoura, mesmo que duvidosa, apoia-se no fato de ter sido um representante de visão ampla do dinamismo recém-encontrado do capital, em virtude de seu papel pioneiro de elaborar a estratégia global e de lançar habilmente as fundações práticas do neocolonialismo.

Isso significou um ataque em duas frentes para a construção de uma nova orientação efetivamente *global*. Como o imperativo de um novo início havia surgido com base no grande avanço produtivo e na crise criada por sua interrupção, a nova estratégia envolveu, em relação a seus termos de referência domésticos, a exploração plena de todos os territórios ocultos do "colonialismo interno": daí o New Deal e o desenvolvimento em bases mais seguras de uma economia de consumo em expansão. Ao mesmo tempo, a necessidade de assegurar e necessariamente proteger a expansão contínua da base econômica doméstica implicou a remoção cruel de todas as "barreiras artificiais" do colonialismo passado (e do capitalismo protecionista subdesenvolvido correspondente).

Essa estratégia neocolonialista de conquistar a "totalidade intensiva" representava também uma concepção efetivamente *global* ao tentar acertar as contas com a União Soviética, não só em seu próprio interesse, mas para estar em melhor posição para controlar os movimentos anticoloniais que emergiam.

Sem dúvida, esperava-se que tudo isso tivesse sucesso sob a inquestionável hegemonia do capital dos Estados Unidos, que mais tarde propagandearia, com típica vulgaridade, sua arrogante autoconfiança ao insistir que o século XX era "o século americano". E, claro, por causa do dinamismo inerente à forma historicamente mais avançada de capital, supunha-se que a "nova ordem mundial" (e sua "nova ordem econômica") deveria surgir e permanecer conosco para sempre pela ação de forças e determinações puramente *econômicas*: assim afirmava a retórica, desde o primeiro Discurso Inaugural de Roosevelt até o "fim da ideologia".

Contudo, os fatos se expressaram de modo por completo diferente, na medida em que puseram em relevo, com amargor, uma das maiores ironias da história. Qual seja, que embora houvesse nas raízes da estratégia rooseveltiana original um dinamismo econômico incomparável e um novo avanço produtivo com um potencial de enormes proporções, sua implementação real – longe de se satisfazer com mecanismos *econômicos*, tal como ocorre ainda hoje com o persistente mito da "modernização" – exigiu, para sua "decolagem", a guerra mais devastadora conhecida pelos homens, a Segunda Guerra Mundial, para não mencionar o aparecimento e a dominação do "complexo industrial-militar" em seu "percurso até a maturidade".

Se o capital norte-americano teve muito mais que a simples iniciativa de todos esses desenvolvimentos – que ele na verdade dominou completamente do início ao fim, assegurando para si uma posição de vantagem esmagadora pela qual pôde contabilizar enormes déficits orçamentários pagos pelo resto do mundo –, eles afetaram e beneficiaram o "capital social total" (constituído como uma entidade global) em seu impulso para a autoexpansão e a dominação.

Com certeza, vários componentes nacionais da totalidade do capital sofreram derrotas imediatas humilhantes, mas só para se levantarem mais fortes das cinzas da desintegração temporária. Nesse particular, os "milagres" alemão e japonês falam por si mesmos. Em outros casos, sobretudo o do capital britânico, o impacto foi muito mais complicado, por várias razões, que se referem principalmente à luta de retaguarda contra a dissolução do Império Britânico. Mas, mesmo nesses casos, não resta dúvida de que, ao final, um grau não desprezível de reestruturação dinâmica ocorreu sob o desafio estadunidense.

Os resultados globais dessas transformações foram uma significativa *racionalização do capital global* e o estabelecimento de uma estrutura de relações financeiras e econômicas com o Estado, em geral, muito mais adequada ao deslocamento de muitas contradições do que a estrutura anterior.

2.5

Assim, a crise de 1929-1933 não foi de modo algum uma crise estrutural do capital como formação global. Pelo contrário, forneceu estímulo e pressão necessários para o realinhamento de suas várias forças constituintes, conforme as relações de poder alteradas objetivamente, contribuindo muito, desse modo, para o desenvolvimento das enormes potencialidades do capital inerentes à sua "totalidade intensiva".

No âmbito *externo* isso significou:

1. uma mudança dramática do imperialismo multicentrado, ultrapassado, militar e político intervencionista de maneira perdulária para um sistema de dominação global que, sob a hegemonia norte-americana, se torna muito mais dinâmico e muito mais viável e integrado economicamente;

2. o estabelecimento do Sistema Monetário Internacional e de vários outros órgãos importantes de regulamentação das relações intercapitais incomparavelmente mais racionais do que os que estavam à disposição da estrutura multicentrada;

3. a exportação de capital em grande escala (e, com isso, a perpetuação mais efetiva da dependência e do "subdesenvolvimento" imposto) e o repatriamento seguro, em escala astronômica, de taxas de lucro totalmente inimagináveis nos países de origem; e

4. a incorporação relativa, em graus variados, das economias de todas as sociedades pós-capitalistas na estrutura de intercâmbios capitalistas.

Por outro lado, no âmbito *interno*, a história de sucesso do capital poderia ser descrita em termos de:

1. uso de várias modalidades de intervenção estatal para a expansão do capital privado;

2. transferência de indústrias privadas falidas, mas essenciais, para o setor público e sua utilização para mais uma vez apoiar, por meio dos fundos

estatais, as operações do capital privado, a fim de serem de novo transformadas em monopólios ou quase monopólios privados depois de terem se tornado mais uma vez muitíssimo lucrativas pela injeção de fundos volumosos financiados pela tributação geral;

3. desenvolvimento e operação bem-sucedidos de uma economia de "pleno emprego" durante a guerra e por um período considerável depois dela;

4. larga abertura de novos mercados e ramos de produção no plano da "economia de consumo" muito distendida, junto com o sucesso do capital em gerar e sustentar padrões de consumo extremamente perdulários, força motivadora vital de tal economia; e

5. para coroar tudo isso, tanto no porte de seu peso econômico como na sua significação política, estabelecimento de um imenso "complexo industrial/militar" como controlador e beneficiário direto da fração mais importante da intervenção estatal e, com isso, simultaneamente, o isolamento de bem mais de um terço da economia das desconfortáveis flutuações e incertezas do mercado.

Apesar de o valor intrínseco de todas essas realizações ser problemático ao extremo (para dizer o mínimo), não pode haver dúvida quanto ao significado da autoexpansão dinâmica do capital e sua contínua sobrevivência. É por causa de sua importância central nos desenvolvimentos capitalistas do século XX que a gravidade da crise estrutural de hoje é fortemente realçada pelo fato de várias das características mencionadas já não serem mais verdades, e de as tendências subjacentes apontarem na direção de sua completa reversão: de uma tendência a um novo policentrismo (pense-se no Japão e na Alemanha, por exemplo), com consequências potencialmente incalculáveis, a um persistente desemprego de massa (e suas implicações óbvias para a economia de consumo) e à desintegração ameaçadora do sistema monetário internacional e seus corolários. Seria tolice considerar permanentes as posições poderosamente fortificadas do complexo industrial-militar e sua capacidade de extrair e alocar para si mesmo, imperturbado, o excedente necessário para seu funcionamento contínuo na escala atual, ainda astronômica.

Algumas pessoas argumentam que, assim como conseguiu resolver seus problemas no passado, o capital o fará indefinidamente também no futuro. Poderiam acrescentar que, se a crise de 1929-1933 impôs ao capital mudanças dramáticas que testemunhamos desde então, a crise estrutural atual deverá produzir remédios duradouros e soluções permanentes. O problema desse raciocínio é que ele não conta com *absolutamente nada* para respaldar o sonho inviável de perseguir a "linha de menor resistência" quando isso não mais é possível.

Embora seja vazio e perigoso argumentar a partir de meras analogias com o passado, torna-se contraditório em si fazê-lo quando o assunto em questão é precisamente a crise estrutural e o colapso de alguns mecanismos e determinações até agora vitais, que se manifestam sob a forma da própria crise de controle e dominação estabelecida. Podem-se especificar as condições para uma solução da crise atual, como veremos mais adiante. Portanto, a menos que se possa demonstrar que as tendências contemporâneas de desenvolvimento do capital podem de fato satisfazer essas condições, toda conversa sobre sua capacidade intrínseca de sempre resolver seus problemas será apenas um "assobiar no escuro" para afugentar o medo.

Outra linha de argumentação insiste que o capital tem à sua disposição uma imensa força repressiva que pode usar à vontade, tanto quanto quiser, na resolução de seus crescentes problemas. Embora haja certas restrições – algumas até importantes – ao uso real, e potencial, de força bruta pelo capital, é inquestionável que a capacidade de destruição e repressão acumuladas é assustadora e continua a se multiplicar. Mesmo assim, mantém-se a verdade de que nada se resolve, nem jamais foi resolvido, apenas pela força. Lendas em contrário – relativas ao nazismo e ao stalinismo, por exemplo – são com frequência usadas para justificar a cumplicidade mais ou menos ativa de setores importantes da população considerados impotentes.

Além disso, há uma consideração ainda mais importante que se refere às características inerentes ao próprio capital. Ele é uma força extremamente eficiente para mobilizar os complexos recursos produtivos de uma sociedade muito fragmentada. Não importa ao capital em quantas partes: seu grande recurso é precisamente a capacidade de lidar com a fragmentação. Porém, definitivamente, ele não é um sistema de *emergência* unificadora, nem poderia sê-lo a longo prazo, em função de sua própria constituição interna. Não é de modo algum acidental que formações estatais como as fascistas só sejam viáveis hoje na periferia do sistema do capital global, subordinadas a algum centro "metropolitano" liberal-democrático e dele dependentes.

Assim, por maior que seja o sucesso temporário das tentativas autoritárias de "mão de ferro" em atrasar ou adiar o "momento da verdade" – e as chances de tais sucessos no curto prazo não devem ser subestimadas –, num prazo mais longo elas podem apenas agravar a crise. Os problemas estruturais aqui descritos equivalem a um importante entrave no sistema global de produção e distribuição. Dada a sua condição de entrave, exigem remédios estruturais adequados, e não sua multiplicação por meio de adiamento e repressão forçados. Em outras palavras, esses problemas requerem uma intervenção positiva no próprio processo produtivo problemático para enfrentar suas contradições que crescem de modo perigoso, para removê-los à medida que o permita o ritmo da reestruturação real. Contra isto, é absurdo sugerir a possibilidade de o capital recorrer, enquanto for possível, à dominação por meio de um estado de *emergência* totalmente instável, portanto necessariamente *efêmero* como condição *permanente* de sua *normalidade* futura.

2.6

As condições para administrar a crise estrutural do capital estão articuladas de forma direta a algumas contradições importantes que afetam tanto os problemas internos dos vários sistemas envolvidos como as relações entre eles. Em resumo, tais problemas seriam:

1. as contradições socioeconômicas internas do capital "avançado" que se manifestam no desenvolvimento cada vez mais desequilibrado sob o controle direto ou indireto do "complexo industrial-militar" e do sistema de corporações transnacionais;

2. as contradições sociais, econômicas e políticas das sociedades pós-capitalistas, tanto isoladamente

como em sua relação com as demais, que conduzem à sua desintegração e, desse modo, à intensificação da crise estrutural do sistema global do capital;

3. as rivalidades, tensões e contradições crescentes entre os países capitalistas mais importantes, tanto no *interior* dos vários sistemas regionais como *entre* eles, que colocam enorme pressão sobre a estrutura institucional estabelecida (da Comunidade Europeia ao Sistema Monetário Internacional) e anunciam o espectro de uma devastadora guerra comercial; e

4. as dificuldades crescentes para manter o sistema neocolonial de dominação (do Irã à África, do Sudeste Asiático à América Central e do Sul), ao lado das contradições geradas dentro dos países "metropolitanos" pelas unidades de produção estabelecidas e administradas por capitais "expatriados".

Como podemos ver, em todas as quatro categorias – cada uma das quais correspondentes a uma multiplicidade de contradições – a tendência é para a intensificação, e não para a diminuição, dos antagonismos existentes. Além disso, a gravidade da crise é acentuada pelo efetivo confinamento da intervenção à esfera dos efeitos, tornando proibitivo atacar suas causas, graças à "circularidade" do capital, já mencionada, entre Estado político e sociedade civil, por meio da qual as relações de poder estabelecidas tendem a se reproduzir em todas as suas transformações superficiais.

Dois exemplos importantes ilustram esse fato de maneira conclusiva. O primeiro se refere ao complexo industrial-militar, o segundo à crônica insolubilidade dos problemas do "subdesenvolvimento".

Há muita esperança de criação de recursos para uma expansão econômica positiva e viável por meio da realocação de uma parte importante da despesa militar para medidas e propósitos sociais há muito imprescindíveis. Porém, a frustração permanente dessas esperanças resulta tanto do imenso peso econômico e do evidente poder estatal do complexo industrial-militar como do fato de que esse complexo é antes manifestação e efeito do que causa das profundas contradições estruturais do capital "avançado". Com certeza, uma vez que exista, continua *também* a funcionar como uma causa contribuinte – tanto maior quanto maior seu poder econômico e político –, mas não como a causa que as *produz*. Do ponto de vista do capital contemporâneo, se o complexo industrial-militar não existisse, teria de ser inventado. (Como mencionado antes, de certo modo o capital apenas "tropeçou" nessa solução durante a guerra, depois da tentativa um tanto ingênua de Roosevelt de *reculer pour mieux sauter* [recuar para dar um salto maior] da plataforma do New Deal, que de fato resultou num avanço muito pequeno em meio a uma depressão que não se abateu.)

O complexo industrial-militar cumpre com grande eficiência duas funções vitais, deslocando por um certo tempo duas poderosas contradições do capital "superdesenvolvido".

A primeira, mencionada há pouco, é a transferência de uma porção significativa da economia das incontroláveis e traiçoeiras forças do mercado para as águas seguras do altamente lucrativo financiamento estatal. Ao mesmo tempo mantém intacta a mitologia da *empresa privada* economicamente superior e *mais eficiente nos custos*, graças à absolvição *a priori* do perdularismo *total* e da *falência estrutural* pela ideologia de fervor patriótico.

A segunda função não é menos importante: deslocar as contradições decorrentes da taxa *decrescente* de utilização[3] que se evidenciaram de forma dramática durante as últimas décadas de desenvolvimento nos países de capitalismo avançado.

É por isso que, enquanto não se encontrar uma alternativa estrutural para lidar com os fundamentos causais das contradições aqui mencionadas e que foram deslocadas com sucesso, a esperança de uma simples realocação dos recursos prodigiosos, agora investidos no complexo industrial-militar, fatalmente será anulada pelas determinações causais prevalecentes.

O mesmo é verdade para os problemas insolúveis do "subdesenvolvimento" forçado. Naturalmente, seria adequado que o "capital esclarecido" – uma verdadeira contradição em termos – estendesse sua esfera de operação a todos os poros da sociedade "subdesenvolvida", ativando por completo seus recursos materiais e humanos no interesse de sua autoexpansão renovada. Daí os esforços das *Comissões Brandt* e de iniciativas semelhantes que conseguem expressar um grande número de verdades parciais enquanto deixam de perceber a verdade global: o mundo "subdesenvolvido" já está completamente integrado ao mundo do capital e cumpre nele várias funções vitais. Assim, podemos ver de novo uma tentativa de aliviar

---

[3] Discuti esses problemas nos capítulos 15 e 16 de *Para além do capital: rumo a uma teoria da transição* (trad. Paulo Cezar Castanheira e Sérgio Lessa, São Paulo, Boitempo, 2002). O fato de o fim da Guerra Fria não ter permitido a distribuição dos "dividendos da paz", deixando o complexo industrial-militar em posição dominante nos países líderes capitalistas, acentua a importância dessas arraigadas conexões econômicas.

os *efeitos* do modo dominante de integração deixando intactas suas *determinações causais*.

Tais propostas irreais ignoram de forma sistemática que é absolutamente impossível manter os pés nas duas canoas: manter a existência do sistema de produção ampliado de maneira absurda e "superdesenvolvido" do capital "avançado" (o qual depende necessariamente da continuação da dominação de um "vasto território" de subdesenvolvimento forçado) e, ao mesmo tempo, impelir o "Terceiro Mundo" a um alto nível de desenvolvimento capitalista (que apenas poderia reproduzir as contradições do capital ocidental "avançado", multiplicadas pelo imenso tamanho da população envolvida).

Os atuais gerentes do capital conhecem muito mais do que de fato aparentam – tal como o fizeram os próprios Edward Heath e Willie Brandt, quando ainda chefiavam seus respectivos governos – e desconsideram esses relatórios com o "realismo" cínico que corresponde de modo imediato à agressiva reafirmação dos interesses norte-americanos dominantes:

> O secretário de Estado dos Estados Unidos disse hoje não ser realista falar de uma grande transferência de recursos dos países desenvolvidos para os países em desenvolvimento. A ênfase de Mr. Haig era utilizar as forças convencionais de mercado [sic!] para aliviar o sofrimento dos países mais pobres. Deveria haver "um sistema comercial mais aberto, com regras melhoradas". A ajuda estrangeira deveria ser associada a "política nacional e esforço próprio sensatos". Na visão dos Estados Unidos, isso significa confiar em incentivos econômicos e na liberdade individual. "A supressão de incentivos econômicos acaba por suprimir o entusiasmo e a criatividade [...]. Os governos que mais favoreceram as

liberdades de seus povos também tiveram mais êxito em assegurar tanto a liberdade como a prosperidade."[4]

De fato, é uma suprema ironia ouvir um representante paradigmático do complexo industrial-militar repressor cantar as virtudes infinitas das "forças de mercado convencionais" e da "liberdade individual". Infelizmente, porém, essa é também a indicação de que não há esperanças de melhorias na esfera dos efeitos, enquanto se permitir que os determinantes causais do mundo real do capital sigam seu curso estabelecido, o qual reproduz *de forma estrutural* os mesmos efeitos com gravidade cada vez maior e em escala sempre crescente.

Se a condição para solucionar a crise estrutural estiver associada à solução dos quatro conjuntos de contradições mencionadas, do ponto de vista da contínua expansão global e da dominação do capital, a perspectiva de um resultado positivo está longe de ser promissora. Pois é muito remota a possibilidade de sucesso até mesmo dos objetivos de certa forma limitados, para não mencionar a solução duradoura das contradições de todas as quatro categorias em conjunto. O mais provável é, ao contrário, continuarmos afundando cada vez mais na crise estrutural, mesmo que ocorram alguns sucessos conjunturais, como aqueles resultantes de uma relativa "reversão positiva", no devido tempo, de meros determinantes *cíclicos* da crise atual do capital.

---

[4] *The Times* (Londres), 22/9/1981.

3
A pluralidade de capitais e o significado do pluralismo socialista

3.1
Refletindo sobre os debates do Programa de Gotha, Engels fez um comentário sarcástico sobre o que considerou a influência deplorável de Wilhelm Liebknecht, o autor principal do programa: "Da democracia burguesa ele trouxe e manteve uma verdadeira *mania de unificação*"[1]. Dezesseis anos antes, na ocasião do planejado Congresso da Unidade, Marx fez uma observação semelhante sobre a questão da unificação, entretanto sem referências pessoais. Ele reconheceu que "o mero fato da unificação traz satisfação aos trabalhadores", mas na mesma sentença sublinhou que "é um engano acreditar que esse sucesso momentâneo não será comprado a um preço muito alto"[2].

É importante lembrar essa atitude cética com relação à "unidade" e à "unificação" para pôr em perspectiva a recente defesa do pluralismo. Seria absolutamente incorreto tratar desse problema como algo resultante de meras considerações

---

[1] Friedrich Engels, "Carta a August Bebel" (1-2/5/1891).
[2] Karl Marx, "Carta a Wilheim Bracke" (5/5/1875).

táticas ou dos limites práticos de uma relação desfavorável de forças que já não mais permite a adoção de políticas socialistas consistentes, mas segue, ao contrário, uma estratégia de complicados compromissos.

Outra dimensão dessa problemática é que por muitos anos o movimento da classe trabalhadora esteve sujeito a pressões de inspiração stalinista que tentaram impor a "unidade" para, no interesse do "Partido Líder", suprimir de forma automática a crítica. Aqueles que se autodesignavam porta-vozes de tal "unidade" nunca se deram ao trabalho de definir os objetivos socialistas tangíveis do *Gleichschaltung* (isto é, forçar em um molde) organizacional que defendiam, nem de avaliar as condições objetivas para formular estratégias socialistas coordenadas, junto com as imensas dificuldades para a sua realização.

Há algumas razões muito fortes para que Marx e Engels considerassem "unidade" e "unificação" conceitos bastante problemáticos: as divisões e contradições objetivas existentes nos vários componentes do movimento socialista. Em razão de suas complexas ramificações internas e internacionais, tais divisões e contradições simplesmente não poderiam ser removidas por desejo ou decreto; menos ainda do que o sonho da convenção francesa do século XVIII de abolir o pauperismo. Não foi necessário esperar pela erupção do conflito sino-soviético e pela guerra entre a China e o Vietnã para perceber que a simples proposta ou enunciado da "unidade das forças socialistas" não traz contribuição alguma para remover seus problemas, desigualdades e antagonismos. A tarefa de desenvolver uma força grande o suficiente para desafiar com sucesso o capital em seu próprio terreno implicou, desde o início, a necessidade de construir sobre as fundações dadas, as quais mostram grande diversidade e conflito de interesses, como determinado pela divisão social do trabalho herdada e pelas taxas diferenciais de exploração há muito tempo dominantes.

Já que o problema era como constituir uma consciência de *massa* socialista com base nas fundações disponíveis, engajando-se simultaneamente nos confrontos inevitáveis para a realização das finalidades e objetivos *limitados*, tornou-se essencial encontrar uma maneira de preservar a integridade das perspectivas *últimas* sem perder contato com as demandas, determinações e potencialidades *imediatas* das condições historicamente determinadas. Para Bakunin e outros anarquistas, esse problema não existia (do mesmo modo que para todas as espécies de voluntarismo subsequentes), já que eles não estavam interessados na produção de uma consciência de massa socialista. Eles simplesmente admitiam a convergência espontânea da "consciência instintiva das massas populares" com suas próprias visões e estratégias.

Marx, em contraste, concebeu a questão organizacional como:

1. permanecer fiel aos *princípios* socialistas; e

2. desenhar *programas de ação* viáveis e flexíveis para as várias forças que compartilham os amplos objetivos comuns da luta.

Assim ele resumiu, na última carta supracitada, sua visão do Congresso da Unidade:

> Os líderes lassalleanos vieram porque as circunstâncias os forçaram a vir. Se lhes tivessem dito com antecedência que não haveria *nenhuma barganha sobre princípios*, eles teriam de se contentar com um *programa de ação* ou um plano de organização para a ação comum. Em vez disso, alguém lhes permite chegar armados com mandatos, reconhece esses

mandatos como válidos e, assim, se *rende* incondicionalmente àqueles que precisam de ajuda.³

Independente das circunstâncias específicas do Congresso de Gotha, o "alto preço" mencionado por Marx estava relacionado às concessões em torno de *princípios* com vistas a uma unidade ilusória, e não à possível e necessária *ação comum*. Assim como naqueles dias, mais uma vez esse é um assunto de suprema importância. Pois hoje – talvez mais do que nunca, em vista das experiências amargas do passado recente, e do não tão recente – não é mais possível conceber as formas imprescindíveis de *ação comum* sem uma articulação estratégica consciente de um *pluralismo socialista* que reconhece não só as diferenças existentes, mas também a necessidade de uma adequada "divisão do trabalho" na estrutura geral de uma ofensiva socialista. Em oposição à falsa identificação da "unidade" como o único meio de patrocinar *princípios* socialistas (enquanto, na realidade, a perseguição irreal e a imposição de unidade trouxeram com elas as necessárias *concessões sobre princípios*), permanece válida a regra de Marx: não pode haver *barganha sobre princípios*.

Mas o anverso dessa regra é do mesmo modo válido, qual seja: a condição elementar para se realizar os princípios de uma transformação socialista (que, afinal de contas, envolve a totalidade dos "produtores associados" no empreendimento comum de mudar "de alto a baixo as condições de sua existência industrial e política e, por conseguinte, toda a sua maneira de ser") é a produção de uma *consciência de massa* socialista na única forma possível de *ação comum* que se autodesenvolve. E a última, claro, só pode resultar

---

³ Idem.

dos componentes verdadeiramente *autônomos* e *coordenados* (não comandados e manipulados de forma hierárquica) de um movimento *inerentemente pluralista*. Por muito tempo, foi comum no movimento socialista *subestimar* a capacidade da burguesia de alcançar unidade. Ao mesmo tempo, havia uma tendência correspondente para *superestimar* as possibilidades e a importância imediata da unidade da classe trabalhadora. Além disso, as mesmas concepções que avaliavam de maneira tão equivocada a unidade tinham também uma tendência para ver na conquista do poder a *solução* dos problemas que confrontam a revolução socialista, e não o *verdadeiro início* deles.

Sem dúvida, se a revolução socialista é vista como de caráter *primordialmente político* – em lugar de uma revolução *social* multidimensional, e portanto "permanente" de modo necessário, como Marx a definiu –, a produção e a preservação da unidade superam tudo em importância. Porém, quando se reconhece que a conquista do poder é apenas o *ponto de partida* para revelar as reais dificuldades e contradições dessa transformação "de alto a baixo, de toda maneira de ser" dos produtores associados – dificuldades e contradições muitas das quais não podem sequer ser imaginadas antes de ser encontradas de fato no curso da própria transformação em andamento –, então a necessidade de estratégias genuinamente pluralistas se afirma como uma questão tanto de urgência imediata como de importância contínua.

Apesar de ser uma verdade abstrata que a unidade da classe dominante "só possa se revelar *vis-à-vis* ao proletariado"[4], ela também é bastante enganadora, pois,

---

[4] Georg Lukács, "Tactics and Ethics" (1919), em *Political Writings, 1919-1929* (Londres, NLB, 1972), p. 31.

como no capitalismo tudo é subordinado à contradição fundamental entre capital e trabalho, a unidade burguesa inevitavelmente cumpre a função de fortalecer um lado desse antagonismo. Entretanto, a dificuldade está no fato de que o mesmo é verdade para o outro lado; e ainda mais verdadeiro, como veremos adiante. Em consequência, a verdade abstrata esconde uma distorção de grande importância, resultante de uma doce ilusão. Em outras palavras, nega ou ignora que há um fundamento devastadoramente *real* para a unidade da classe dominante: seu domínio *real* e o poder *tangível* (tanto material e econômico, como político e militar) que o acompanha.

Em contraste, a unidade proletária é um problema, uma tarefa, um desafio, até mesmo um imperativo em determinadas situações de emergência, mas não uma condição real espontânea da situação dada. Pode vir a ser por um período mais ou menos limitado e por um propósito determinado, mas nunca pode ser aceita, nem mesmo como uma condição não problemática que persiste depois de sua realização com sucesso em uma situação sócio-histórica específica. Pelo contrário, ela precisa ser constantemente *recriada* nas circunstâncias variáveis durante todo o tempo que os fundamentos objetivos da desigualdade (decorrentes da divisão social hierárquica de trabalho herdada e da taxa diferencial de exploração mencionadas antes) permanecerem conosco em qualquer forma que seja, como hão de permanecer de modo fatal por um período histórico de transição muito mais longo do que se poderia desejar.

3.2

A "mania burguesa da unidade" mencionada por Engels tem sólida fundação na ordem econômica dominante da sociedade e em seu fiador institucional, o Estado capitalista. As manipulações capitalistas da unidade formal (que por vezes aparecem mascaradas de "consenso geral") significam nada mais que o selo de aprovação a um estado de coisas *de facto* em vigor, oferecendo-lhe assim sua "legitimação" *a posteriori*.

O fato de uma classe estar no poder efetivo – não só político, graças à instrumentalidade repressiva do Estado, mas no sentido *positivo* de regular o próprio sociometabolismo fundamental – garante a ela uma poderosa base objetiva de identidade própria unificadora muito antes de surgir uma aguda confrontação política com a classe adversária. E mesmo onde ocorram divisões internas na "sociedade civil" burguesa, devido à tendência objetiva irreprimível de concentração e centralização do capital, o lado vencedor é sempre o "unitário" – isto é, o grande capital. Seu poder com certeza se multiplica, à medida que se acelera o ritmo de avanço em direção ao monopólio, e cria partes grotescamente desiguais em "competição" interna, competição idealizada no passado mas agora cada vez mais flagrantemente predeterminada e automaticamente decidida. Daí o crescente *falso pluralismo* da ordem social do capital em todas as suas mutações contemporâneas.

Uma das mistificações político-ideológicas mais poderosas do capital é, na realidade, sua simulação de "pluralismo" por meio do qual tem sucesso em definir sem apelação os marcos de toda oposição admissível à sua própria dominação. Se, na fase liberal-democrática do desenvolvimento capitalista, a demanda por pluralismo ainda significava alguma coisa (mesmo que não muito mais que as possibilidades inerentes à "liberdade negativa" de John Stuart Mill), desde o começo da fase *monopolista* a margem para alternativas reais tem se tornado cada vez mais estreita, até o ponto de seu quase completo desaparecimento em tempos recentes. Se o pesadelo monetarista hoje encontra sua crua e inarticulada articulação na NHA ("não há alternativa", como os Chefes de Estado insistem em repetir, como um disco riscado, a mensagem cínica da liberdade real do capital), isso pode apenas sublinhar a gravidade da crise estrutural. Além disso, também acentua as dificuldades de manter o disfarce da *tirania absoluta* do determinismo econômico do capital como "o bem maior para o maior número" e a apoteose das "forças do mercado tradicional e da liberdade individual".

Na verdade, desde o princípio o "pluralismo" é um conceito extremamente problemático para o capital. Não só – nem mesmo em termos primários – por causa de sua *tendência* para o monopólio, mas em razão da *pressuposição absoluta* do monopólio já no seu início, isto é, o monopólio da propriedade privada por poucos e a exclusão *a priori* da vasta maioria como pré-requisito necessário do controle social pelo capital. (Vale a pena mencionar aqui que o monopólio estatal dos meios de produção retém essa pressuposição vital do sistema e assim perpetua a dominação do capital em uma forma diferente.) Todas as regras subsequentes do jogo "pluralista" do capital foram decretadas com base neste fundamento monopolista absoluto: em seu próprio interesse, e a ser quebrado no interesse da continuidade de sua dominação, sempre que as circunstâncias assim o exigirem.

Admitiu-se desde o princípio como verdade autoevidente que "não pode haver alternativa" ao monopólio dos meios de produção, nem à livre dominação do avassalador determinismo econômico do capital. Se alguém – os seguidores de Marx, por exemplo – ousasse questionar as manifestações e implicações destrutivas de tal determinismo, deveria ser condenado como perigoso "determinista econômico" do ponto de vista da liberdade unidimensional e unidirecional do capital. O significado do "pluralismo" do capital nunca foi mais que o simples reconhecimento da *pluralidade de capitais*, junto com a insistência simultânea no direito absoluto do capital total ao *monopólio*, tanto *como tendência* quanto *de fato*.

Assim, não só é impossível haver afinidade entre pluralismo socialista e pseudopluralismo capitalista (que não oferece e não pode oferecer margem maior de ação alternativa do que a determinada pelo egoísmo estreito de uma pluralidade de capitais em competição, e mesmo isso só enquanto sua competição limitada permanecer viável); eles são, na realidade, diametralmente opostos um ao outro.

No plano político, o significado do pluralismo do capital é visível no ritual ridículo da "competição" pelo poder entre os democratas e os republicanos nos Estados Unidos, da mesma maneira que na manipulação bem-sucedida do poder político, em nome do capital, por um partido desprezível da Itália, os democratas cristãos, por bem mais de quatro décadas e meia sem interrupção. (É óbvio até a seus críticos capitalistas que a dominação do capital japonês esteja efetivamente associada a um curioso sistema de partido único, que explora de forma hábil as lealdades tradicionais de uma sociedade paternalista.) E nos casos um pouco mais complicados de Inglaterra e Alemanha (onde a social--democracia apregoa abertamente sua capacidade de melhor administrar uma "moderna economia mista" capitalista do que a alternativa conservadora, iludindo-se ao legitimar com tal nobre fundamento a reivindicação de ser "o partido natural de governo"), só a forma da mistificação "pluralista" é diferente, não sua substância. É por isso que o conservador Edward Heath e o social-democrata Willy Brandt fizeram, quando seus *respectivos* partidos estavam no governo, uma crítica dócil ao sistema. E é por isso que o sucessor de Willy Brandt, Helmut Schmidt, só conseguiu ver (e denunciar) como "desestabilização política" a simples possibilidade de um desafio socialista à dominação do capital.

Em todos esses casos, "pluralismo" significa *privação política sistemática* dos direitos civis do trabalho em sua confrontação com o capital, na forma mais adequada às circunstâncias locais. O "pluralismo" de governos que se alternam (quantos deles na Itália pós-guerra sem a menor mudança?) oferece o *álibi permanente* para rejeitar de forma categórica qualquer mudança real e para impor cinicamente o imperativo segundo o qual "não pode haver alternativa" ao devastador determinismo econômico do capital. Além disso, as instituições do pseudopluralismo do capital não só fornecem as garantias políticas imediatas da continuidade de sua dominação, mas também agem como escudo mistificador que desvia de modo automático toda a crítica de seu alvo real (qual seja, o círculo vicioso da autoexpansão destrutiva do capital ao qual tudo deve ser subordinado de modo incontestável) para a irrelevância personalizada de seus administradores que, de boa vontade, se esmeram em superar um ao outro na melhor lubrificação do mecanismo do sistema.

Assim, a possibilidade de mudança "consensual" é convenientemente banida para uma margem de ação fixada *a priori* pela premissa de que "não há alternativa" às exigências da autoexpansão do capital (mesmo a mais destrutiva), impondo desse modo com sucesso os ditames do tipo mais estreito de determinismo econômico como realização última da liberdade. Sempre que os governos são chutados por eleitores "soberanos" amargamente desiludidos pela "quebra de suas promessas", o alvo diversionário da oposição política consensual assegura que nunca sejam mencionadas a enorme responsabilidade e a duvidosa viabilidade da ordem socioeconômica a que eles servem e em nome da qual fazem e quebram tais promessas. Assim, enquanto governos "pluralistas" vêm e vão com frequência mistificadora, a dominação do capital permanece absolutamente intacta.

3.3

Em completo contraste, a condição elementar para o sucesso do projeto socialista é o pluralismo inerente a ele, e que parte do reconhecimento das diferenças e desigualdades existentes não para preservá-las (que é uma necessidade de toda "unidade" fictícia e imposta de modo arbitrário), mas para superá-las da única forma viável: assegurando o envolvimento ativo de todos os interessados.

Desnecessário dizer que esse envolvimento é impossível sem a elaboração de estratégias e "mediações" específicas, que emergem das determinações particulares das necessidades e circunstâncias mutáveis, o que representa o maior desafio à teoria marxista contemporânea. A única e exclusiva perspectiva ampla que pode servir de estrutura de referência comum para a grande variedade de forças socialistas politicamente mais ou menos organizadas e conscientes é a *rejeição* do *slogan* onipresente de que "não há alternativa". E nem mesmo isso pode ser admitido como um dado não problemático. Não só por se tratar de uma *negatividade* que necessita de sua articulação positiva para se tornar viável como estratégia mobilizadora, mas também por ser, em primeira instância, equivalente a nada mais que a mera afirmação de que "*deveria haver uma alternativa*". Ainda assim, a rejeição desse *slogan* continua a ser o ponto de partida necessário, pois aqueles que aceitam a sabedoria do "não há alternativa" – em nome do "triunfo do capitalismo organizado", ou da "integração da classe trabalhadora", ou ainda de qualquer outra coisa – dificilmente poderiam alegar que oferecem a perspectiva de uma transformação socialista, mesmo que às vezes, de forma curiosa, continuem a afirmá-lo.

Assim como o capital é estruturalmente incapaz de pluralismo (com a exceção de uma espécie muito limitada, que também tem se tornado cada vez mais restrita com o avanço da concentração e centralização necessárias do capital), o empreendimento socialista é *estruturalmente irrealizável* sem uma articulação plena com os múltiplos projetos autônomos ("autoadministrados"), e, por isso, irrepreensivelmente pluralistas da *revolução social* em andamento.

O amplo princípio geral que rejeita o determinismo econômico do capital oferece não mais que um ponto de partida necessário em relação ao qual todos os grupos particulares (refletindo, de modo inevitável, uma multiplicidade de interesses e divisões determinados) têm de definir sua posição sob a forma de objetivos e estratégias específicas interligados e, se as condições o permitirem, também coordenados, mas definitivamente não idênticos. O que está em jogo é a invenção de uma alternativa viável para um sistema global muitíssimo complexo que tem a seu favor a "maldição da interdependência" para resistir à mudança.

Isso é expresso com brutal clareza nas palavras de *sir* Roy Denman, por muitos anos o principal negociador da

Comunidade Econômica Europeia (CEE) para relações de comércio internacionais:

> *Não há alternativa.* As pessoas não são *insanas* o suficiente para desejar a *desintegração total do sistema inteiro.* Contudo, os perigos são muito grandes, a situação é agora mais séria que em qualquer outro momento desde a última guerra.[5]

Assim, os porta-vozes do capital, até mesmo quando são forçados a reconhecer a gravidade da crise, só encontram segurança na "sanidade" existente que protege e impõe o sistema para o qual "não há alternativa". E, embora não seja muito tranquilizador depender de nada mais sólido que o último *fiat* de "sanidade" para defender a insanidade capitalista, continua a ser verdade que a única alternativa real à crise estrutural do capital que se aprofunda é *livrar-se por completo de todo o sistema.*

Ninguém pode sugerir a sério que a "insanidade" apercebida por *sir* Roy Denman – a "desintegração total de todo o sistema" e sua substituição por outro sistema viável – possa ser realizada por meio de pequenos grupos de pessoas fragmentadas, isoladas. Na realidade, não existe alternativa ao programa de Marx de constituir uma consciência socialista de massa pelo empreendimento prático de se engajar numa ação comum realmente possível e inerentemente pluralista.

---

[5] *The Sunday Times* (Londres), 21/2/1982. Podemos ver, de novo, o quanto se utiliza o imperativo desesperado de uma cega submissão ao determinismo econômico do capital para decretar o reconhecimento de que "não há alternativa" (uma vez mais, apenas outra "lei da natureza" burguesa) como critério incontestável da "sanidade" e da liberdade.

Embora passe a ser uma dolorosa obviedade o fato de as alternativas do capital hoje se limitarem cada vez mais a flutuações manipuladoras entre variedades de *keynesianismo* e *monetarismo*[6], com movimentos oscilatórios cada vez menos eficazes, que tendem de maneira perigosa ao "repouso absoluto" de uma contínua depressão, a recusa socialista à falta de alternativa deve ser articulada positivamente com objetivos intermediários, cuja realização possa promover

---

[6] É profundamente enganoso representar esses dois como polaridades opostas, com a sugestão de que o segundo introduz algumas inovações importantes em relação ao primeiro. De fato, por muito tempo, cada variedade de keynesianismo foi uma aventura quixotesca que carregava *dentro de si* seu Sancho Pança friedmanesco – na fase *"stop"* de sua política semafórica de *"stop-go"* – e *vice-versa*. Mas talvez um modo mais adequado de captar sua verdadeira significação e seu impacto seja reconhecê-los como um câncer nos intestinos um do outro, intensificando de forma recíproca as consequências de suas ações separadas. O fato de que o câncer do monetarismo teve de emergir em tempo recente de forma particularmente funesta das entranhas keynesianas – apoiando de maneira aberta, com sua alegada visão "iluminada", a maioria das brutais ditaduras militares, do Chile a El Salvador, para não mencionar o todo-poderoso complexo industrial-militar estadunidense – só mostra que o desenvolvimento que se pretende não problemático (na verdade, desenvolvimento-modelo) já não se sustenta mais. Enquanto isso, de forma lenta mas segura, aumenta a aceleração, na direção oposta, de mais uma oscilação do pêndulo: sem dúvida, em pouco tempo seremos apresentados a outra variante keynesiana de milagre, mesmo que por um período muito mais curto do que os "dias felizes" da expansão do pós-guerra. Nesse sentido, os apologistas do capital continuam a nos lembrar da frase de que, em verdade, "não há alternativa". Mas esperar pela restauração da saúde do capital a seu estado vigoroso anterior pela ação de qualquer um dos dois, ou dos dois juntos de fato, é – ao lado do *fiat* de "sanidade" – outro notável exemplo da perigosa *doce ilusão* que domina nossa vida socioeconômica na atualidade.

avanços estratégicos no sistema a ser substituído, mesmo que apenas parciais num primeiro momento.

O que decide o destino das várias forças socialistas na sua confrontação com o capital é o grau de sua capacidade de fazer mudanças tangíveis na vida cotidiana, hoje dominada por manifestações ubíquas das contradições subjacentes. Assim, não basta focalizar determinantes estruturais – mesmo que isso seja realizado com perspicácia, de um ponto de vista adequado – se ao mesmo tempo suas manifestações sentidas de forma direta forem desprezadas porque suas implicações estratégicas socialistas não são visíveis aos interessados. O significado do pluralismo socialista – engajamento ativo em ação comum que não compromete, mas, ao contrário, sempre renova os princípios socialistas que inspiram as questões globais – emerge precisamente da capacidade das forças participantes de *combinar*, num todo coerente, com implicações socialistas em *última análise* inevitáveis, uma grande variedade de demandas e estratégias parciais que, em si e por si, não precisam ter em absoluto nada de *especificamente socialista*.

Nesse sentido, as demandas mais urgentes de nossa época, que correspondem diretamente às necessidades vitais de uma grande variedade de grupos sociais – empregos, educação, assistência médica, serviços sociais decentes, assim como as demandas inerentes à luta pela liberação das mulheres e contra a discriminação racial –, podem, sem uma única exceção, ser abraçadas sem restrições por qualquer liberal genuíno. Entretanto, é absolutamente diferente quando não são consideradas como questões singulares, em separado, mas em conjunto, como partes do complexo global que as reproduz de modo constante como demandas não realizadas e sistematicamente irrealizáveis.

Desse modo, o que decide a questão é sua *condição* de realização (quando definida em sua pluralidade como demandas socialistas *conjuntas*), e não seu caráter considerado à parte. Por conseguinte, o que está em jogo não é a enganosa "politização" dessas questões isoladas, pela qual poderiam cumprir uma função política direta numa estratégia socialista, mas a *efetividade* de afirmar e sustentar tais demandas "não socialistas" largamente automotivadoras no *front* mais amplo possível.

As preocupações imediatas da vida cotidiana, do cuidado médico à produção de grãos, não são traduzíveis de modo direto nos princípios e valores gerais de um sistema social. (Até mesmo comparações só são pertinentes e efetivas quando houver carência em uma área como resultado das demandas mais ou menos injustificáveis de outra; exemplo disso são os cortes feitos hoje em serviços sociais vitais por interesse da indústria de guerra.) Qualquer tentativa de impor um controle político direto a tais movimentos, seguindo a tradição bastante infeliz do passado não tão distante, em vez de ajudar a fortalecer sua autonomia e sua eficácia, corre o risco de ser contraproducente (por melhores que sejam as intenções da "politização").

É um importante sinal das condições historicamente alteradas que essas demandas e as forças que existem por trás delas já não possam ser "incorporadas" ou "integradas" à dinâmica objetiva de autoexpansão do capital. Em razão de sua insolubilidade crônica, bem como de seu poder motivador imediato, elas deverão definir a estrutura da confrontação social em futuro previsível. Naturalmente, independente de sua importância, as questões referidas são aqui mencionadas como *exemplos* que pertencem a um número muito maior de preocupações específicas por meio das quais devem ser mediadas as aspirações e estratégias socialistas hoje.

Outro tipo de demanda envolve um compromisso sociopolítico mais óbvio e direto, embora esse conjunto tampouco possa ser caracterizado como especificamente socialista. Por exemplo, a luta que se intensifica para preservar a paz contra os interesses disfarçados do complexo industrial-militar, ou a necessidade de restringir o poder das transnacionais, ou ainda de estabelecer uma base de cooperação e troca que assegure as condições de desenvolvimento real no "Terceiro Mundo". Se está bastante óbvio que o capital não tem condições de atender a nenhuma dessas demandas e, portanto, que seu controle sobre as forças por trás delas está diminuindo, também é verdade que o potencial liberador de sua perda de controle não pode ser realizado sem a articulação de estratégias socialistas adequadas e suas formas organizacionais correspondentes.

As demandas que manifestam de forma direta a necessidade de uma alternativa socialista estão relacionadas ao caráter perdulário inerente ao modo de funcionamento do capital. De maneira paradoxal, ele consegue impor à sociedade a "lei de ferro" de seu *determinismo econômico* sem nada conhecer do significado de *economia*. Há quatro direções principais nas quais se manifesta, com consequências cada vez mais danosas, o perdularismo necessário do capital à medida que se alcançam os limites últimos de seu potencial produtivo:

1. a demanda incontrolável por *recursos* – isto é, a irreprimível tendência crescente do capital ao uso "intensivo de recursos", da qual o uso "intensivo de energia" é só um exemplo – sem consideração pelas consequências futuras sobre o ambiente, nem pelas necessidades das pessoas afetadas por suas denominadas "estratégias desenvolvimentistas";

2. o *uso* cada vez mais *intensivo de capital* em seu processo de produção, inerente à concentração e centralização necessárias de capital, que contribui muitíssimo para a produção do "subdesenvolvimento" não só na "periferia", mas também no centro de seu domínio "metropolitano", gerando desemprego maciço e devastando uma base industrial antes florescente e perfeitamente viável;

3. o impulso crescente em direção à *multiplicação do valor de troca*, no princípio apenas *divorciado*, mas agora *oposto* de modo explícito ao "valor de uso" a serviço da *necessidade humana*, para manter intata a dominação do capital sobre a sociedade; e

4. o pior tipo de desperdício: o desperdício de gente, pela produção em massa de "*pessoas supérfluas*" que, como resultado tanto dos avanços "produtivos" do capital como de suas dificuldades crescentes no "processo de realização", não podem mais se ajustar aos esquemas estreitos da produção de lucro e da multiplicação perdulária do valor de troca. (O fato de que o "tempo supérfluo" produzido em massa do número crescente de "pessoas supérfluas" seja o único tempo de vida das pessoas reais não pode ser, claro, objeto de preocupação para as dedicadas personificações do capital.)

3.4

Em relação a todas essas tendências e contradições do capital, as demandas de mudança só podem ser formuladas em termos de uma alternativa socialista global. É por isso que a renovação do marxismo se torna tão vital, pois, apesar das críticas acerca da "crise do marxismo", não há nenhuma teoria alternativa séria em condições de tratar esses problemas em toda sua complexidade e abrangência.

À parte os recentes críticos hostis de Marx (como os "novos filósofos franceses" e seus colegas "pós-modernos"), que podem sem dúvida ser ignorados em razão de seus interesses ideológicos excessivamente óbvios e do padrão intelectual correspondente, as várias reflexões críticas tendem a focalizar aspectos limitados da crise social corrente. Elas oferecem respostas e soluções que são aplicáveis apenas em parte, e evitam precisamente aquelas questões abrangentes que definem os horizontes estratégicos de qualquer alternativa viável.

Ao mesmo tempo que é necessário resistir à inclinação de alguns marxistas a desconsiderar esse tipo de crítica como "populista" – pois, sem dúvida, deve haver um lugar importante para o "populismo" de inspiração socialista em uma estrutura genuinamente pluralista de ação comum –, o interesse em assuntos locais e formas de organização "enraizadas em seu meio", bem como a tarefa de entender suas tradições históricas e "peculiaridades", está longe de ser suficiente. Deve ser complementado pelo enfrentamento de suas muitas e mais amplas ramificações e ligações com a totalidade social, de forma que seu impacto cumulativo fortaleça as chances da estratégia socialista, em vez de impulsioná-la na direção da fragmentação e da dispersão.

Se no passado a teoria marxista tendeu a esquecer essas preocupações, preferindo se concentrar nos princípios gerais da alternativa socialista, isso se deu em grande parte em função das condições historicamente *defensivas*. Enquanto prevaleceram tais condições, era compreensível, na verdade necessária ainda que problemática, a constante reafirmação da validade *última* das perspectivas globais – em desafiante desconsideração à tranquila autoexpansão do capital tida, basicamente, como irrelevante. Porém, nas condições alteradas da *ofensiva* necessária, a reafirmação abstrata e autotranquilizadora das perspectivas gerais – como uma declaração de fé – está completamente fora de lugar. Pois o dito de Marx "*Hic Rhodus, hic salta*" pede a integração da totalidade das demandas sociais, das preocupações "não socialistas" cotidianas mais imediatas até as que questionam de forma aberta a ordem social do capital em si, em uma alternativa estratégica teoricamente coerente e viável do ponto de vista instrumental e organizacional.

Assim, a verdadeira questão é como estabelecer com firmeza uma direção global a ser seguida, ao mesmo tempo que se reconhecem plenamente as circunstâncias limitadoras e o poder de imediaticidade que se opõem a atalhos ideais. A revolução social marxiana define o período de transição em termos de objetivos identificáveis, junto com as mediações teóricas, materiais e instrumentais necessárias para sua realização. Nesse sentido, para relacionar alguns tópicos vitais, é necessário investigar como seria possível:

1. produzir uma *mudança radical* e ao mesmo tempo salvaguardar a *continuidade* necessária do sociometabolismo (que pede a aplicação prática constante do princípio metodológico marxiano relativo à reciprocidade dialética entre continuidade e descontinuidade);

2. reestruturar "de alto a baixo" *todo* o edifício da sociedade, que não pode ser derrubado de modo simples com a finalidade de uma reconstrução total[7];

---

[7] Cf. István Mészáros, *Para além do capital: rumo a uma teoria da transição* (trad. Paulo Cezar Castanheira e Sérgio Lessa, São Paulo, Boitempo, 2002), parte II.

3. passar da atual *fragmentação* das forças sociais à sua *coesão* no empreendimento criativo dos *produtores associados* (que implica o desenvolvimento bem-sucedido da *consciência de massa* socialista, resultado de se assumir responsabilidade pelas consequências das práticas produtivas e distributivas autoadministradas);

4. viabilizar a *autonomia* e *descentralização* genuínas dos poderes de decisão, em oposição à concentração e centralização existentes, que não podem de modo algum funcionar sem "burocracia";

5. transcender a divisão e a "inércia circular" entre *sociedade civil* e *Estado político* pela unificação das funções de *trabalho* e *tomada de decisão*; e

6. abolir o *segredo* de governo, predominante por toda parte, instituindo uma nova forma de *autogoverno aberto* pelas pessoas interessadas.

Muitos temas importantes da teoria marxista do século XX são partes integrantes da tentativa de se resolver essas questões de transição, assim como a reavaliação do papel dos sindicatos e partidos na estrutura do pluralismo socialista voltou a assumir importância fundamental. Alguns podem querer negar a ressonância de tais assuntos hoje. Mas para aqueles que não adotam tal perspectiva, não deve ser difícil concordar que um engajamento ativo pode ser o modo mais frutífero de enfrentar a "crise do marxismo".

4
A necessidade de se contrapor à força extraparlamentar do capital

4.1

Apesar de todos os protestos contrários da "direita radical", vivemos em uma era em que, graças às dinâmicas internas de "hibridização" do controle sociometabólico estabelecido, a dimensão *política* é muito mais proeminente que na fase clássica de ascendência histórica do capital.

Evidentemente, o exame adequado desse problema não deve se restringir às instituições diretamente políticas, como o Parlamento. Trata-se de algo bem mais amplo e profundo. De fato, as mudanças que temos testemunhado no funcionamento do próprio Parlamento – que tendem a privá-lo inclusive de suas limitadas funções autônomas do passado – não podem ser explicadas de modo circular pela mudança da máquina eleitoral e das práticas parlamentares correspondentes. Os porta-vozes da hipostasiada "soberania absoluta do Parlamento" e seus embates retóricos com os colegas parlamentares sobre a ilusão da "perda da soberania para Bruxelas" (por exemplo) estão longe da verdade. Procuram soluções para as deploradas mudanças onde elas não podem ser encontradas: nos limites do próprio domínio político parlamentar.

O problema, no entanto, é que os acontecimentos atuais, sem dúvida perturbadores quando vistos de uma perspectiva política autorreferente, só podem ser entendidos dentro da estrutura abrangente dos processos de reprodução material e cultural. É ela que exige o cumprimento de determinadas, porém mutáveis, funções da esfera política no curso das transformações históricas e dos ajustes de autoafirmação da ordem sociometabólica dominante como um todo.

Como já vimos em vários contextos, o desenvolvimento do século XX foi caracterizado pela crescente influência de fatores "extraeconômicos". Em outras palavras, o século XX testemunhou o aumento da importância de forças e procedimentos "extraeconômicos" que costumavam ser avaliados com grande ceticismo e rejeitados como estranhos à natureza do sistema do capital no momento de sua triunfal ascensão histórica. No início da crise estrutural do sistema ocorrida na década de 1970, os representantes da "direita radical" romperam com a forma keynesiana da intervenção consensual do Estado capitalista (dominante por um quarto de século depois da Segunda Guerra Mundial). Com isso, muitos políticos envolvidos esqueceram de imediato que eles próprios estavam bastante comprometidos com as práticas pecaminosas que agora denunciavam de forma ruidosa. Esses políticos também se negaram a encarar o fato – não importa se com a ajuda da hipocrisia e do fingimento cínico ou da ignorância genuína – de que o novo curso exigiria pelo menos uma intervenção do Estado nos processos socioeconômicos (agora, mais que nunca, em nome do *big business*) tão grande quanto na variante keynesiana. A única diferença era que, adicionada à generosa ajuda concedida ao *big business* – desde enormes incentivos fiscais até práticas corruptas de "privatização"¹, desde abundantes fundos de pesquisa (sobretudo em proveito do complexo industrial-militar) até a facilitação mais ou menos aberta da tendência ao monopólio –, a "direita radical" precisou impor também toda uma série de leis repressivas sobre o movimento dos trabalhadores. Ironicamente, as leis repressivas contra o trabalho tiveram de ser introduzidas com "suavidade" por meio dos bons serviços dos "parlamentos democráticos",

---

[1] "Imagine o governo, em sua sabedoria, montando um grupo de trabalho de peritos cuja tarefa seria inventar um sistema para atribuir má fama à privatização. O primeiro passo seria transferir o monopólio dos serviços públicos ao setor privado com um mínimo de competição e, pelos primeiros cinco anos, um regime de preços muito generoso. O segundo passo seria designar reguladores que, tendo permitido a esses serviços públicos amealhar enorme base de lucros, se inclinariam, ao decidir a estrutura de preços da indústria, mais para os interesses dos acionistas que dos clientes. O terceiro passo, vital, seria permitir aos diretores e presidentes desses serviços privatizados confirmarem que tais indústrias monopolistas negociam com dinheiro do Banco Imobiliário, pagando a si próprios enormes salários, opções em ações e aposentadorias privilegiadas. Não importa que muitas dessas pessoas não tenham sequer um único osso empresarial em seus corpos. Não importa que a maioria nunca sequer tenha assumido um risco em suas vidas. Elas parecem ser motivadas pelo lema do filme *Wall Street*, de 1980: 'A ambição é boa'. O governo, agora, não teria nenhuma necessidade de tal grupo de trabalho. O sistema já existente cumpre muito bem esta tarefa." Se alguém pensa que esta citação vem de uma publicação socialista nanica, prepare-se para uma grande surpresa: o trecho foi retirado do artigo editorial – sob o título "Privatization is now a dirty word" [Privatização é agora um palavrão], publicado em 14 de agosto de 1994 no jornal conservador britânico de maior circulação, The Sunday Times. De fato, o artigo editorial termina com um lamento: "Este jornal apoia a privatização. Nós não temos nada com aqueles que criticam os ganhos financeiros concedidos àqueles que exibem iniciativa genuína. Infelizmente, o governo fez com que o nome de privatização, respeitado no passado, fosse arrastado em infâmia muito mais facilmente."

com a finalidade de negar à classe trabalhadora até mesmo os ganhos defensivos do passado, de acordo com as margens de acumulação do capital cada vez mais estreitas nas circunstâncias da crise estrutural em andamento.

Assim, para as perspectivas da emancipação do trabalho, a importância da luta política e da crítica radical ao Estado – inclusive a suas "instituições democráticas", em especial o Parlamento – nunca foi tão grande quanto na atual fase histórica de aparente "encolhimento dos limites do Estado". Como a angustiante situação de bilhões de pessoas tornou-se dolorosamente óbvia, o sistema do capital, mesmo na sua forma mais avançada, esquece lamentavelmente a espécie humana. O mesmo pode ser dito da dimensão política do controle sociometabólico. Até a forma mais avançada de Estado do sistema do capital, o Estado liberal-democrático, com sua representação parlamentar e suas garantias democráticas formais e institucionalizadas de "justiça e imparcialidade", bem como suas apregoadas garantias contra o abuso de poder, fracassou em cumprir todas as promessas alegadas que o legitimavam.

A crise da política em todo o mundo, incluindo as democracias parlamentares dos países capitalistas mais avançados – que assume com frequência a forma de uma compreensível amargura e de um resignado afastamento da atividade política das massas populares –, é parte integrante do agravamento da crise estrutural do sistema do capital. As alegações de "dar poder ao povo" – sejam da ideologia do "capitalismo popular" (armado com muitas ações sem direito a voto), sejam sob os *slogans* de "oportunidade igual" e "imparcialidade" num sistema de desigualdade estrutural incorrigível – são absurdas demais para serem levadas a sério mesmo pelos seus propagandistas mais proeminentes. Ao contrário, em vez da repetida promessa do "encolhimento dos limites do Estado", o futuro poderá trazer ainda maior imposição de determinações políticas regressivas ao cotidiano das massas populares. Por mais desencorajadoras que sejam suas formas institucionais dominantes e suas práticas de autoperpetuação, não há opção fora da política. Contudo, precisamente por essa razão a política é importante demais para ser deixada com os políticos; na verdade, uma democracia digna deste nome é importante demais para ser deixada com as atuais democracias parlamentares, consentidas pelo capital, e com a pequena margem de ação dos parlamentares, mesmo dos "grandes parlamentares".

Quando concedido aos representantes da esquerda, o título de "grande parlamentar" é usado pelo sistema conservador (com "c" minúsculo, incluindo a liderança da ala direita do Partido Trabalhista) como uma forma de autocongratulação e autoelogio. Tais personalidades políticas são tidas como "grandes parlamentares" porque, segundo a lenda, "aprenderam a dominar as regras do procedimento parlamentar" e, com a ajuda delas, "continuam a levantar os assuntos desagradáveis". Entretanto, a verdade de fato desagradável é que os assuntos assim considerados são sempre ignorados ou declarados "fora da pauta" pelo próprio Parlamento. Dessa forma, os apologistas do sistema parlamentar fundamentalmente antissocialista podem demonstrar à "opinião pública democrática" que não existe outro caminho para lidar com os problemas da sociedade a não ser por meio da submissão do jogo parlamentar às leis e ao rigoroso cumprimento de seus procedimentos, os quais produzem "grandes parlamentares" também na esquerda política. *Futilidade* e *marginalização política* são os critérios para ser promovido ao alto posto de "grande parlamentar" na esquerda. Desse modo, alguns deles são autorizados a entrar no *hall da fama* com o interesse de colocar o sistema da democracia parlamentar além e acima de toda "crítica legítima" concebível.

Na verdade, dada a marginalização política inseparável da aceitação das amarras parlamentares como única estrutura legítima da ação política, essa anuência – mesmo se praticada com propósito radical – só pode produzir o *encarceramento parlamentar* da esquerda em si própria. Ironicamente, do modo como neste momento funciona o sistema parlamentar, mesmo pessoas com credenciais impecáveis da ala direita – mas com grandes ilusões sobre seu próprio papel na determinação do resultado dos debates políticos –, como Roy Hattersley, estão infelizes pelo conformismo cego com que foram obrigados a aceitar as regras mais recentes do jogo parlamentar. Queixam-se – sem dúvida, em vão – de que a liderança do partido deveria prestar mais atenção aos princípios professados no passado. De fato, testemunhamos hoje a liquidação até dos mais brandos princípios social-democratas para assegurar uma "aliança eleitoral mais ampla". É assim que – em um artigo publicado no *Independent*, sob o título "Roy Hattersley tells Tony Blair where he has gone wrong" [Roy Hattersley conta a Tony Blair no que ele tem errado] – ele argumenta de maneira explícita:

> Eu sou um antigo admirador do Novo Trabalhismo, um adversário de longa data da velha cláusula IV [que promete a propriedade comum dos meios de produção] e um herético que deseja cortar por completo os elos formais do trabalho com os sindicatos. Mas entendo que os membros do partido se preocupem com o fato de termos nos ocupado tanto com os problemas da classe média que começamos a ignorar as necessidades dos desfavorecidos e dos despossuídos... A

ideologia é o que mantém os partidos estáveis e dignos de crédito, bem como honestos. No longo prazo, a estima do público pelo partido seria protegida por uma firme declaração de intenção fundamental. O socialismo – que é proclamado na nova cláusula IV – exige que a pedra fundamental seja a redistribuição de poder e riqueza. Se esse objetivo fosse reafirmado, muitos dos problemas desapareceriam.[2]

O autor desse artigo parece preocupado com o fato de o Partido Trabalhista – do qual há não muito tempo Hattersley era o vice-líder na Câmara dos Deputados – ter falhado na "redistribuição de poder e riqueza" durante toda sua longa história. *The Times* é muito mais realista quando elogia Tony Blair dizendo que "a ideologia do Novo Trabalhismo", defendida pelo líder da oposição, carrega pouca relação com o socialismo do passado. É *"pragmático, amigo dos negócios"*[3].

4.2
O estreitamento da margem de lucro da acumulação do capital afetou muitíssimo as perspectivas do movimento dos trabalhadores, mesmo na maioria dos países de capitalismo avançado. Não apenas piorou o padrão de vida da força de trabalho em pleno emprego (para não mencionar as condições de milhões de pessoas desempregadas e subempregadas), mas também reduziu as possibilidades de sua ação autodefensiva como resultado da legislação autoritária imposta às classes trabalhadoras pelos seus parlamentos tidos como democráticos.

---

[2] Roy Hattersley, "Roy Hattersley tells Tony Blair where he has gone wrong", *The Independent*, Londres, 12/8/1995.
[3] "Burden of opposition", *The Times*, Londres, 11/8/1995.

Esse processo não está completo ainda hoje. Não há um ano sequer em que as classes trabalhadoras não sejam confrontadas com novas medidas legislativas inventadas contra seus órgãos de defesa e formas de ação tradicionais. Ao mesmo tempo, a própria forma parlamentar de representação tornou-se problemática ao extremo, mesmo em seus próprios termos de referência.

Certa vez, a justificação para a autonomia relativa dos representantes parlamentares – um argumento ainda usado para racionalizar a não responsabilização destes frente aos seus eleitores – foi resumida nos seguintes termos por Hegel:

> sua relação com seus eleitores não é a de agentes com uma comissão ou uma instrução específica. Um impedimento adicional para o serem é o fato de que a sua assembleia *deve ser* um *corpo vivo no qual todos os membros deliberam em comum e reciprocamente se instruem e se convencem*.[4]

No real funcionamento dos parlamentos contemporâneos nada corresponde à caracterização hegeliana, nem mesmo no grau limitado em que poderiam merecer aquela descrição. Quaisquer que tenham sido as perspectivas dos membros particulares do Parlamento sobre as quais gostariam de "deliberar em comum e reciprocamente se instruir e se convencer", os argumentos que poderiam ser capazes de apresentar a seu favor não têm qualquer peso, mesmo se defendidos com ênfase. De fato, o denominado

---

[4] G. W. F. Hegel, *The Philosophy of Right* (Oxford, Clarendon Press, 1942), p. 201. [Ed. bras.: *Princípios da filosofia do direito*, 2. ed., São Paulo, Martins Fontes, 2003.]

A necessidade de se contrapor à força extraparlamentar do capital 129

three line whip* os compele a votar de acordo com as ordens da liderança de seu partido, sob pena de "perderem seus *chicotes*", o que significa se tornarem inelegíveis como candidatos ao Parlamento. Essa prática é adotada não apenas nos assuntos políticos mais importantes, mas até em debates sobre a pertinência ou não de se introduzir licenças para cachorros. E a esse respeito não parece haver qualquer diferença entre os principais partidos políticos. Exemplo disso aconteceu quando o primeiro-ministro trabalhista Harold Wilson, "de centro-esquerda", certa vez ameaçou de forma brutal seus colegas dissidentes da esquerda do partido dizendo-lhes que, a menos que se comportassem, ele não iria "renovar suas licenças para cachorro".

Esse é um dos problemas mais desafiadores para o futuro, pois ao longo do século XX testemunhamos a degradação da política parlamentar – outrora enraizada na pluralidade de capitais e na margem de ganhos relativos que poderiam derivar da divergência de interesses também correspondentes às seções limitadas da classe trabalhadora – para uma espécie de *conspiração* contra o trabalho como antagonista do capital. Esse tipo de conspiração tem lugar não tanto *entre* partidos, mas *no interior* de cada um deles. Entre eles isso acontece apenas no sentido da profana "política do consenso" das últimas décadas – apesar da institucionalizada névoa que marcou a geração da "política de contrários" parlamentar. Porém, o aspecto mais importante é a constituição interna

---

* Literalmente, *whip* é chicote. Esse termo também é usado para designar um membro de um partido que, no Parlamento, é responsável pela disciplina partidária, desde o comparecimento às votações e comissões até o voto de cada parlamentar nas questões em disputa; *three line* refere-se ao ritual de controle que ocorre no interior do Parlamento inglês. (N. T.)

e o funcionamento dos próprios partidos, inclusive dos trabalhistas parlamentares. O modo como são constituídos e administrados exclui qualquer possibilidade de até mesmo se levantar a questão da mudança do controle sociometabólico estabelecido. Pelo contrário, toda atividade política parlamentar está condenada – tanto no governo, como na oposição – à estabilização ou reestabilização do sistema do capital. Por isso, já há muito tempo a linha mestra da política parlamentar tem sido privar o trabalho de direitos políticos (não de maneira aberta e formal, mas em termos substantivos), de modo a anular os ganhos obtidos pela instrumentalidade dos partidos e sindicatos anteriores da classe trabalhadora. A política de cambalhotas do Partido Trabalhista Britânico (que agora, respeitosamente, chama-se Novo Trabalhismo) e o similar "desengajamento" do Partido Comunista Italiano de todos os princípios e convicções anteriores ilustram bem como o antagonista do capital vem sendo efetivamente privado de direitos políticos no curso desses desenvolvimentos.

O principal papel dos partidos social-democratas (sob uma variedade de nomes, incluindo as antigas legendas comunistas hoje rebatizadas) limita-se agora a *entregar o trabalho ao capital* e a usar as pessoas como *ferramentas eleitorais* para os propósitos da legitimação espúria do *status quo* perpetuado sob o pretexto do processo eleitoral "aberto" e "plenamente democrático". Essa acomodação parlamentar acrítica dos partidos da classe trabalhadora nem sempre ocorreu, muito embora tenha sido sempre extremamente problemática a "observância estrita dos procedimentos parlamentares", aos quais se esperava que eles se submetessem quando adentrassem a arena eleitoral. Ou seja, o movimento dos trabalhadores, quando criado, tinha objetivos muito mais amplos e incomparavelmente mais radicais do que os que poderiam ser realizados dentro da estrutura principal do órgão político criado pela burguesia em ascensão: o Parlamento. De fato, até o movimento da social-democracia alemã – que começou a ceder às pressões pela acomodação já na época de Marx – continuou a prometer uma transformação social radical pela implementação de reformas estratégicas até capitular de maneira declarada às demandas do expansionismo nacional burguês na irrupção da Primeira Guerra Mundial. Porém, agora, com o fim da ascensão histórica do capital inexiste, na prática, uma margem de reforma em favor do trabalho. Assim, a corrente principal da "reforma" e da legislação parlamentar tem por objetivo não só o isolamento total de um punhado de parlamentares socialistas, mas a castração do movimento dos trabalhadores em geral.

Cada instituição singular do sistema está envolvida por completo nesse empreendimento, em que pese a mitologia das "garantias democráticas" que, por suposição, deveriam ser oferecidas pela "divisão dos poderes": uma mitologia que infectou até alguns intelectuais bem conhecidos da esquerda. O que seria uma das principais garantias democráticas – o "Judiciário independente que nada teme" – continua a demonstrar, em toda ocasião possível, uma capacidade "independente" de impor as leis repressivas do "Parlamento democrático" contra o trabalho, em completa harmonia com os interesses e imperativos da ordem estabelecida. Seu comportamento durante a greve de um ano dos mineiros ingleses* forneceu exemplos

---

* Referência à greve de trabalhadores de minas de carvão na Inglaterra que, entre os anos 1984 e 1985, fizeram resistência às políticas da então primeira-ministra Margaret Thatcher de privatizar e fechar postos de trabalho. A derrota do Sindicato Nacional dos Mineiros (NUM) abriu caminho para a implantação de políticas neoliberais na Inglaterra. (N. E.)

notáveis de "militância judiciária". Porém, claro, o Judiciário não precisa de maior confrontação social, como a revelada por esse exemplo, para cumprir o papel antidemocrático de acordo com a sua consciência de classe. Em todo assunto fundamental, já o faz dentro da normalidade. Assim, em um recente – e final, na lei local – julgamento, os senhores das leis britânicas atacaram os sindicatos mesmo em sua função básica de negociador de salário, minando dessa forma sua própria existência. Como informou o *Financial Times*:

> Ontem, os magistrados decretaram por unanimidade que os empregadores estão autorizados por lei a reter o aumento salarial de empregados que se recusarem a assinar contratos pessoais que abolem seus direitos negociados pelos sindicatos.[5]

Esse julgamento explicitamente marcado pela consciência de classe foi na realidade uma extensão retroativa de uma lei antissindical instituída em 1993 pelo governo conservador na Inglaterra, ainda que tais procedimentos sejam em geral deturpados, com característica hipocrisia, como "esclarecimento legal politicamente independente". A hipocrisia de tais atos antidemocráticos só é superada pela "argumentação" que apela à credulidade daqueles que são ingênuos o suficiente para considerá-la com seriedade. Assim,

> *Lord* Slynn argumentou que não havia evidência de que a retenção do aumento salarial daqueles que permaneceram no sindicato visasse prevenir ou impedir a filiação sindical, mesmo que o próprio *não reconhecimento* em si pudesse

---

[5] Robert Taylor, "Blow for unions in derecognition case", *Financial Times*, Londres, 17/3/1995.

tornar o sindicato menos atraente para os membros ou sócios em potencial.⁶

Não há dúvidas quanto às ginásticas e acrobacias mentais necessárias para produzir racionalizações como essas, que requerem a capacidade única de se colocar de ponta--cabeça para escrever longas sentenças da Suprema Corte, sem ao menos ruborizar. Ao mesmo tempo, tais atos da mais elevada instância judiciária democrática e independente confirmam também que a "separação dos poderes" dominados pelo capital significa apenas uma coisa: a *separação institucionalizada e imposta por lei entre poder e trabalho e seu exercício contra os interesses do trabalho*.

Por isso, não pode haver esperança de serem instituídas mudanças estruturais significativas na estrutura sociopolítica estabelecida e bem defendida, mesmo que isso leve um milhão de anos. Essa é a razão pela qual continuam inevitáveis as frustrações permanentes e derrotas invariáveis dos socialistas genuínos, esperançosos de alcançar seus objetivos por meio de reformas parlamentares. Longe de serem simples questões pessoais, seus fracassos acentuam a sabedoria do grande poeta húngaro Attila József, que escreveu:

> nem mesmo os melhores truques do gato conseguirão [pegar o rato
> simultaneamente fora e dentro da casa. ⁷

---

⁶ Idem.

⁷ Attila József, "Eszmélet" [tomada de consciência]. Em suas palavras: "*ügyeskedhet, nem fog a macska/ egyszerre kint s bent egeret*".

4.3

A crítica radical do sistema parlamentar não começou com Marx. Nós a encontramos vigorosamente expressa já no século XVIII, nos escritos de Rousseau. Partindo do pressuposto de que a soberania pertence ao povo e que, portanto, não pode ser alienada por meio de leis, Rousseau argumentou que, pelas mesmas razões, sua transformação em qualquer forma de abdicação representativa não pode ser legitimada:

> Os deputados do povo não são nem podem ser seus representantes; não passam de seus comissários, nada podendo concluir em definitivo. É nula toda a lei que o povo não ratificar diretamente; em absoluto, não é lei. O povo inglês pensa ser livre e muito se engana, pois só o é durante a eleição dos membros do Parlamento; uma vez eleitos, ele é escravo, não é nada. Durante os breves momentos de sua liberdade, o uso que dela faz mostra que merece perdê-la.[8]

Rousseau fez ainda a importante observação de que, embora o poder Legislativo não possa se divorciar do povo sequer pela representação parlamentar, as funções administrativas ou "executivas" devem ser consideradas sob uma luz muito diferente. Como explicou:

> no exercício do poder Legislativo, o povo não [pode] ser representado, mas tal pode e deve acontecer no poder Executivo, que não passa de força aplicada à lei.[9]

---

[8] Jean-Jacques Rousseau, *The Social Contract* (Londres, Everyman, 1993) p. 266. [Ed. bras.: *O contrato social*, São Paulo, Abril Cultural, 1978, p. 108.]

[9] Ibidem, p. 267. [Ed. bras.: ibidem, p. 109.]

Rousseau tem sofrido deturpação sistemática e uso indevido por ideólogos "democráticos", incluindo o *"jet set* socialista", por ter insistido que "liberdade não pode existir sem igualdade"[10] – o que exclui mesmo a melhor forma de representação, considerada por ele uma hierarquia necessariamente discriminatória/iníqua. Desse modo, ele propôs uma forma de exercício de poder político e administrativo muito mais praticável do que a que lhe é atribuída, ou de que é acusado. De forma significativa, nesse processo de deturpação tendenciosa, os dois princípios de importância vital na teoria de Rousseau, adaptados de maneira conveniente também pelos socialistas, foram desqualificados e abandonados. Contudo, a verdade é que, por um lado, o poder fundamental de tomar decisão nunca deveria ter sido divorciado das massas populares, como demonstrou conclusivamente a história de verdadeiro horror do sistema estatal soviético, administrado da forma mais autoritária contra o povo pela burocracia stalinista em nome do socialismo. Por outro lado, em todos os domínios do processo de reprodução social, o cumprimento de funções administrativas e executivas específicas pode ser de fato *delegado* a membros da comunidade, contanto que seja realizado segundo regras definidas de maneira autônoma e controladas apropriadamente em todas as fases da real tomada de decisão pelos produtores associados.

    Assim, as dificuldades não residem nos dois princípios básicos tais como formulados por Rousseau, mas no modo pelo qual devem ser relacionados ao controle político e material do processo sociometabólico pelo capital. Conforme os princípios da inalienabilidade do poder de determinar as regras (isto é, a "soberania" do trabalho não como uma

---

[10] Ibidem, p. 66.

classe particular, mas como condição universal da sociedade) e da delegação de papéis e funções específicas sob regras bem definidas, com distribuição flexível e supervisão adequada, o estabelecimento de uma forma socialista de tomada de decisão exigiria invadir e reestruturar de maneira radical os domínios materiais antagônicos do capital. Um processo que deveria ir bem além do princípio da soberania popular inalienável de Rousseau e seu corolário delegatório. Ou seja, em uma ordem socialista, o processo "legislativo" deveria ser fundido ao próprio processo de produção de tal modo que a necessária *divisão horizontal do trabalho* fosse complementada em todos os níveis, do local ao global, por um sistema de *coordenação* autodeterminada do trabalho. Essa relação contrasta com a perniciosa *divisão vertical do trabalho* do capital, complementada pela "separação dos poderes" em um "sistema político democrático" alienado e imposto de forma inalterável às massas trabalhadoras. Ora, a divisão vertical do trabalho sob comando do capital infecta de uma forma inveterada todas as facetas da divisão horizontal do trabalho, desde as funções produtivas mais simples até os processos mais complexos da selva legislativa. E essa é uma selva cada vez mais densa não só porque suas regras e seus componentes institucionais se multiplicam ao infinito e mantêm sob forte controle o comportamento desafiador do trabalho – real ou potencial –, alertando para os pleitos limitados do trabalho e protegendo a dominação global do capital sobre a sociedade em geral. Além disso, em qualquer tempo particular do processo histórico em desdobramento, conciliam-se – desde que seja possível – os interesses separados da pluralidade de capitais e a dinâmica incontrolável da totalidade do capital social, que tende por último a sua autoafirmação como entidade global.

Em uma retomada da crítica de Rousseau da representação parlamentar, Hugo Chávez Frias, líder de um movimento radical na Venezuela – o Movimento Bolivariano Revolucionário (MBR-200) –, escreveu a respeito da crise crônica do sistema sociopolítico de seu país:

> Com o aparecimento dos partidos populistas, o sufrágio foi convertido em uma ferramenta para adormecer o povo venezuelano e escravizá-lo em nome da democracia. Durante décadas, os partidos populistas basearam seu discurso em inumeráveis promessas paternalistas criadas para dissolver a consciência popular. As mentiras políticas alienantes pintaram uma "terra prometida" a ser alcançada por meio de um jardim de rosas. A única coisa que os venezuelanos teriam de fazer seria ir às urnas eleitorais e esperar que tudo fosse resolvido sem o mínimo esforço popular. [...] Assim, o ato de votar foi transformado no começo e no fim da democracia.[11]

Entre todas as personalidades públicas, incluindo todos os setores da sociedade, o autor dessas linhas é o segundo em estima popular na Venezuela (atrás apenas de Rafael Caldera) e se encontra bem acima de todos os aspirantes a políticos dos partidos. Se quisesse, com facilidade poderia ganhar eleições para altos cargos, o que refuta o argumento habitual de que pessoas que só criticam o sistema político existente assim o fazem porque não podem satisfazer as árduas exigências das eleições democráticas. De fato, Hugo Chávez, ao escrever o discurso acima (1993), rejeita, por razões muito diferentes, o "canto de sereia" dos formadores da opinião política, que tentam pacificar as pessoas dizen-

---

[11] Hugo Chávez Frías, *Pueblo, sufragio y democracia* (Yara, MBR-200, 1993), p. 5-6.

do que não há necessidade de se preocuparem com a crise porque falta pouco tempo para "as próximas eleições". Ele assinala que, enquanto o conselho político habitual pede "um pouco mais de paciência" até que as eleições programadas se realizem em poucos meses,

> a cada minuto, centenas de crianças nascem na Venezuela com a saúde ameaçada por falta de comida e medicamentos, enquanto bilhões são roubados da riqueza nacional, sangrando o que ainda resta do país. Não há razão que justifique qualquer crédito a uma classe política que demonstrou à sociedade não ter a menor vontade de instituir qualquer mudança. Não há nenhuma razão para baixar a guarda e arrefecer as lutas populares até novo aviso. Em troca, temos muitas razões para seguir pressionando o acelerador da máquina que move a história.[12]

Por essa razão, Chávez contrapõe ao sistema existente de representação política a ideia segundo a qual "o povo soberano deve se transformar no *objeto* e no *sujeito* do poder. Para os revolucionários essa opção não é negociável"[13]. Ele projeta a estrutura institucional na qual esse princípio deve ser realizado no curso de uma mudança radical:

> O poder eleitoral do Estado federal se tornará o componente político-jurídico pelo qual os cidadãos serão depositários da soberania popular, cujo exercício permanecerá daqui para frente de fato nas mãos do povo. O poder eleitoral será estendido a todo o sistema sociopolítico da nação, estabelecendo os canais para uma verdadeira distribuição policêntrica de poder, deslocando o poder do centro para a

---

[12] Ibidem, p. 9.
[13] Ibidem, p. 11.

periferia, aumentando o poder efetivo da tomada de decisão e a autonomia das comunidades e municipalidades particulares. As Assembleias Eleitorais de cada municipalidade e estado elegerão Conselhos Eleitorais que possuirão um caráter permanente e funcionarão com independência absoluta dos partidos políticos. Eles serão capazes de estabelecer e dirigir os mecanismos mais diversos de democracia direta: assembleias populares, referendos, plebiscitos, iniciativas populares, vetos, revogação etc. [...] Assim, o conceito de democracia *participativa* será transformado em uma forma na qual a democracia baseada na soberania popular se constitua como a *protagonista* do poder. É precisamente nessas fronteiras que temos de traçar os limites de avanço da democracia bolivariana. Então nós deveremos estar muito perto do território da *utopia*.[14]

Se tais ideias podem ser transformadas em realidade ou deverão continuar sendo ideais utópicos é uma questão que não pode ser decidida nos limites da esfera política. Pois essa é a própria necessidade de transformação radical que anuncia, desde o início, a perspectiva de "fenecimento do Estado". Na Venezuela – país em que até *90% da população* "se rebela pela abstenção eleitoral contra o absurdo do voto"[15], contra as práticas políticas tradicionais e o uso apologético legitimador ao qual é submetido o "sistema democrático eleitoral", com a falsa pretensão de que o sistema está justificado de forma inquestionável pelo "mandato conferido pela maioria" – nenhuma condenação do vazio paternalismo parlamentar pode ser considerada excessiva.

---

[14] Ibidem, p. 8-11.
[15] Ibidem, p. 9.

Nem se pode argumentar a sério que a grande participação eleitoral seja a prova de um consenso popular democrático que de fato exista. Afinal, em algumas democracias ocidentais o ato de votar é compulsório e não acrescenta mais legitimidade que as formas mais extremas de abstencionismo abertamente crítico ou resignadamente pessimista. Não obstante, a medida da validade da crítica radical ao sistema de representação parlamentar é o empreendimento estratégico de exercitar a "soberania do trabalho" não apenas em assembleias políticas – não importa o quão *diretas* elas possam ser em relação à sua organização e a seu modo de tomada de decisão política –, mas na atividade de vida produtiva e distributiva autodeterminada dos indivíduos sociais em todo domínio singular e em todos os níveis do processo sociometabólico. Isso é o que traça a linha de demarcação entre a revolução socialista, que é socialista em sua *intenção* – como a Revolução de Outubro de 1917 –, e a "revolução permanente" de transformação socialista efetiva. Sem a transferência progressiva e total da tomada de decisões reprodutivas e distributivas materiais aos produtores associados, não pode haver esperança para os membros da comunidade pós-revolucionária de se transformarem em *sujeitos* do poder.

4.4

Na segunda metade do século XX, nenhum argumento a favor de garantias legislativas contra o abuso do poder político e a violação dos direitos humanos foi mais convincente que o de Norberto Bobbio. Consciente da desumanidade praticada, em nome do socialismo, pelo sistema de tipo soviético, ele combinou os melhores traços do liberalismo com as aspirações do socialismo democrático. Rejeitando com firmeza a ideia da "democracia direta", ele advogou a instituição de garantias e melhorias dos direitos humanos por meio do sistema legislativo parlamentar[16]. Contudo, de modo significativo, a melhoria das condições existentes, mediante direitos garantidos por meios formais advogados por Bobbio, tem se tornado cada vez mais dependente das mudanças das determinações e imperativos *materiais* do sistema do capital. Em consequência, uma crítica radical desse sistema como ordem sociometabólica parece ser precondição necessária para avaliar as medidas legislativas com ele compatíveis.

Em uma entrevista concedida em 1992, Bobbio enfatizou que, em nossa época, o direito à liberdade e ao trabalho assim como os direitos individuais à previdência social devem ser complementados com os direitos de as gerações atuais e futuras viverem em um meio ambiente despoluído, com o direito de autorregular a procriação humana, de assegurar sua privacidade contra todas as transgressões perpetradas pelo Estado controlador onipresente, além das garantias legais contra os sérios perigos que afetam cada vez mais o patrimônio genético[17]. Por mais que

---

[16] Ver Norberto Bobbio, *Politica e cultura* (Turim, Einaudi, 1955); *Da Hobbes a Marx* (Nápoles, Morano, 1965); *Ensaio sobre ciência política na Itália*, (Brasília, UnB, 2002); *Qual socialismo? Discussão de uma alternativa* (3. ed., São Paulo, Paz e Terra, 1987); *Da estrutura à função: novos estudos de teoria do direito* (Barueri, Manole, 2006); *O futuro da democracia* (11. ed., São Paulo, Paz e Terra, 2009).

[17] Nas palavras de Bobbio: "Hoje, estão em primeiro plano não só os direitos à liberdade, ou o direito ao trabalho e à seguridade social, como também, por exemplo, o direito da humanidade atual, e ainda das gerações futuras, de viver num ambiente não contaminado, o

possamos concordar com todas essas necessidades, é inquietantemente claro que até mesmo o decreto parlamentar das garantias e dos direitos advogados – com exceção, talvez, do formalmente proclamado "direito à liberdade", que na prática é, porém, substancialmente esvaziado de conteúdo para a grande maioria da humanidade pela atual forma de controle sociometabólico – se torna possível apenas por meio de um bem-sucedido confronto com os enormes interesses materiais e políticos contrários a ele. Além disso, a decretação formal em si não pode oferecer garantias de sua implementação, como testemunham de maneira ampla os inumeráveis princípios constitucional-democráticos solenemente proclamados e as incontáveis leis "que não pegam" e só adornam as legislações. Pois elas "não pegam" precisamente porque podem, ou talvez pudessem, restringir o poder do capital. Em um mundo de desemprego crônico, de constantes ataques até mesmo aos escassos vestígios do "Estado de bem-estar social" e do sistema de previdência social, vive-se sob a pressão de explorar tudo ao máximo, desde os recursos não renováveis até os avanços eticamente mais questionáveis da biotecnologia e da informática, dire-

---

direito à procriação autorregulada, o direito à privacidade diante da possibilidade que hoje tem o Estado de saber exatamente tudo o que fazemos. Além disso, queria assinalar a gravíssima ameaça à conservação do patrimônio genético gerada pelo progresso técnico da biologia, ameaça à qual não se poderá responder senão pelo estabelecimento de novos direitos", Norberto Bobbio, "Nuevas fronteras de la izquierda", *Leviatán*, Madri, n. 47, 1992, citado em Gabriel Vargas Lozano, *Más allá del derrumbe: socialismo y democracia en la crisis de civilización contemporánea* (Cidade do México/Madri, Siglo Veintiuno, 1994), p. 117. Atentar, em especial, aos capítulos "Opciones después del derrumbe" e "El socialismo liberal", para os inteligentes comentários do autor sobre o trabalho de Bobbio.

tamente subordinados aos ditames da acumulação lucrativa do capital. Nesse mundo, apenas em sonho se poderia fazer oposição completa a esses desenvolvimentos por meio dos bons ofícios de uma legislatura iluminada. Da mesma forma, seria milagre que um sistema de controle reprodutivo incapaz, em sua estrutura, de planejar e impedir o impacto nocivo do seu próprio modo de operação pudesse codificar e respeitar, mesmo em curtíssimo prazo, os direitos das *gerações futuras* em conflito com seus imperativos materiais. Com certeza, essa circunstância não invalida o argumento do filósofo italiano, para quem a esquerda deveria lutar de todas as maneiras possíveis para tornar as pessoas conscientes dos méritos de tais necessidades como parte de sua crítica à ordem social vigente. Porém, de imediato, isso coloca em relevo as desesperadoras limitações das instituições legislativas disponíveis para solucionar os profundos problemas de reprodução material identificados pelo próprio Bobbio.

Em sua longa história, a social-democracia primeiro perseguiu a alternativa de tentar introduzir grandes mudanças nas relações de classe predominantes através de reforma parlamentar; depois de poucas décadas de fracasso em levar adiante os objetivos da transformação socialista, terminou por renegá-los por completo. De modo algum isso foi acidental ou apenas "traição pessoal" dos representantes da social-democracia parlamentar aos seus antigos princípios. O projeto de instituir o socialismo pelos meios parlamentares estava condenado desde o início, pois eles sonharam a realização do *impossível* e prometeram transformar de forma gradual em algo radicalmente diferente – a ordem socialista – um sistema de controle da reprodução social sobre o qual eles *não tinham, e nem poderiam ter, qualquer controle significativo* dentro do Parlamento e por meio dele.

O capital – por sua própria natureza e suas determinações internas – é *incontrolável*. Portanto, investir as energias de um movimento social na *tentativa de reformar* um sistema de fato *incontrolável* é um empreendimento muito mais infrutífero do que o trabalho de Sísifo, já que a simples viabilidade mesmo da reforma mais limitada é inconcebível sem a capacidade de controlar aqueles aspectos ou dimensões do complexo social que se tenta reformar. Desde o princípio, isso foi o que condenou e tornou autocontraditório o empreendimento parlamentar social-democrata. Por décadas, os partidos de tal vertente política continuaram a iludir a si próprios e a seus eleitores de que seriam capazes de instituir, "no devido tempo", por meio da legislação parlamentar, uma *reforma estrutural do incontrolável sistema do capital*.

O beco sem saída da social-democracia não foi de modo algum o caminho original do movimento socialista. Seguir o caminho da reforma e da acomodação parlamentar tornou-se a orientação dominante nos partidos políticos da classe trabalhadora apenas depois do surgimento e da consolidação da Segunda Internacional. Com certeza, os cegos apologistas do abandono de todos os objetivos socialistas pelas orientações dos atuais líderes da social-democracia e dos partidos trabalhistas tentam, em retrospectiva, reescrever a história com a sugestão grotesca de que

> o original – e, para sua época, audacioso – *objetivo do socialismo* era *o capitalismo democrático*. Apenas a partir da década de 1840, quando *Marx e Engels roubaram o termo*, "socialismo" tornou-se um projeto cuja ambição era destruir o capitalismo. A cláusula IV [da Constituição do Partido Trabalhista Britânico de setenta anos atrás] permanece um texto fundamentalmente marxista, apesar de sua linguagem vacilante e do

desejo de seus autores de distanciar o Partido Trabalhista dos piores excessos da ditadura do proletariado de Lenin. Daí a importância da declaração de [Tony] Blair. Ele está desafiando seu partido a, enfim, *enterrar o socialismo marxista*.[18]

Os fatos históricos, postos de lado de propósito pelos apologistas, dizem o contrário. A negação radical da ordem capitalista aconteceu bem antes de Marx e Engels terem olhado para a Inglaterra. Pelo ângulo da classe trabalhadora, as perseguidas sociedades secretas comprometidas com a negação das incorrigíveis – portanto, irreformáveis e "não democratizáveis" – iniquidades da ordem estabelecida datam ainda da Revolução Francesa e suas conturbadas consequências. Na verdade, a primeira relação de Marx com as demandas intransigentes do socialismo anticapitalista radical aconteceu precisamente em tais sociedades secretas da classe trabalhadora durante sua permanência na França, ainda jovem, bem antes de começar a escrever seu seminal *Manuscritos econômico-filosóficos* de 1844*. Quem é capaz de sustentar, a sério, a proposição de que um movimento revolucionário histórico-mundial foi inventado por dois jovens intelectuais alemães exilados que "roubaram o termo socialismo" está completamente fora da realidade. Tão insensato quanto aquele que, só por sonhar com isso, pontifica que, ao substituir o duradouro compromisso com a propriedade pública na cláusula IV da Constituição do Partido Trabalhista pela declaração vazia e sem princípios do Novo Trabalhismo, Tony Blair pudesse de fato "enterrar o

---

[18] Peter Keller, "Blair can reinvent socialism – if he finds the right words", *The Sunday Times* (Londres), 9/10/1994.

* Karl Marx, *Manuscritos econômico-filosóficos* (trad. Jesus Ranieri, São Paulo, Boitempo, 2004). (N. E.)

socialismo marxista" – "se ele encontrar as palavras certas", como desejava aquela proposição.

O fracasso do movimento da classe trabalhadora ocorreu na última terça parte do século XIX, e suas consequências negativas evidenciaram-se com o sucesso parlamentar – e a acomodação – dos partidos social-democratas e trabalhistas. Por si só, tal sucesso pode ser considerado uma vitória de Pirro por seu impacto, a longo prazo, sobre a causa da emancipação do trabalho. O preço pago foi o fatal enfraquecimento estrutural da potencialidade de luta do trabalho, causado pela aceitação das amarras parlamentares como a única forma legítima de contestar a dominação do capital. Em termos práticos, isso significou a divisão catastrófica do movimento nos denominados *braço político* e *braço industrial* do trabalho, com a ilusão de que o primeiro poderia servir ou representar, por códigos legislativos, os interesses da classe trabalhadora organizada nas empresas industriais capitalistas pelos sindicatos de cada ramo do segundo. Entretanto, com o passar do tempo, aconteceu tudo ao contrário. O braço político, em vez de fazer valer seu mandato político em estreita colaboração com o braço *industrial*, utilizou as regras do jogo parlamentar com a finalidade de subordinar os sindicatos a si próprio e às determinações políticas finais do capital impostas por intermédio do Parlamento. Assim, em vez de reforçar politicamente a capacidade de luta do braço *industrial* em suas disputas com as empresas, o braço político – em nome de sua própria exclusividade política – confinou os sindicatos às "*disputas* apenas econômicas do trabalho". Dessa maneira, o que se supunha ser o braço político do trabalho terminou por desempenhar um papel crucial na ativa imposição ao trabalho – pela força da "legislação parlamentar de representação" – do interesse vital do capital: "banir a ação sindical politicamente motivada" como algo categoricamente inadmissível "em uma sociedade democrática".

Tanto o reformismo como suas realizações de intrínseca precariedade foram resultados dessa articulação dividida do movimento trabalhista como braço político e braço *industrial*. Dentro da estrutura de comando global do capital, como estrutura racional da legitimidade e autoridade democráticas, a operação desse modelo dividido trouxe consigo a necessária aceitação e internalização das *coações objetivas materiais do capital*. Ao mesmo tempo, o trabalhismo reformista manteve por algum tempo a ideia contraditória de que os objetivos socialistas eram de todo compatíveis com tais coações materiais. Nesse espírito, Harold Wilson e outros líderes trabalhistas afirmaram que a conquista "dos altos escalões de comando da economia" tornará possível que "um dia" o socialismo se realize. Na verdade, "conquistar os altos escalões" revelou ser nada mais do que a nacionalização dos setores falidos da indústria capitalista, compensando de maneira generosa seus antigos proprietários por seus bens inúteis: um processo que poderia, de qualquer forma, ser revertido com facilidade por atos parlamentares de "privatização", uma vez que sua lucratividade para o capital tivesse sido assegurada por meio de generosos investimentos estatais, financiados por impostos extorquidos das pessoas comuns. Ironicamente, esse caminho, com suas curvas e oscilações autocontraditórias, conduziu da armadilha reformista do movimento do trabalho à completa desintegração do próprio reformismo social-democrata, por meio do qual não apenas se renunciou aos já professados "objetivos últimos" socialistas, mas até mesmo às referências ao termo "socialismo", que passaram a ser evitadas como praga.

Outra ironia que sublinha a lógica perversa da acomodação parlamentar dentro dos limites do antitrabalho da estrutura de comando político global do capital é o destino dos partidos "revolucionários" da Terceira Internacional. É claro que determinações *estruturais* fundamentais estavam em atividade nas clamorosas derrotas sofridas pela esquerda institucionalizada no decorrer do século. E para piorar a situação, essas derrotas aconteceram apesar das crises profundas da ordem socioeconômica e política em vigor. Nesse sentido, o "caminho italiano para o socialismo" e o subsequente "grande compromisso histórico" do Partido Comunista Italiano, no contexto das mesmas amarras da representação e da acomodação parlamentares, com idêntica divisão do movimento dos trabalhadores italiano entre braço político e braço *industrial* – tal como visto nos países onde havia partidos social-democratas e trabalhistas –, revelaram ser tão desastrosos para o movimento socialista quanto a desintegração das variantes social-democratas do reformismo.

Assim, diante da dolorosa experiência histórica à qual o trabalho tem sido sujeitado pelo fracasso dos partidos parlamentares tanto da Segunda como da Terceira Internacionais, não é muito difícil perceber que não existe esperança de rearticulação efetiva do radicalismo socialista sem que se superem as contradições que sempre nascem da divisão fracassada entre braço político e braço *industrial* do trabalho. Paradoxalmente, a separação e a compartimentalização reformistas dos "dois braços" do trabalho só podem resultar numa paralisante "acefalia" do movimento, ou seja, a mais ou menos consciente internalização da lógica do capital, tanto em termos de seu constrangimento material como de seus princípios reguladores político-democráticos protegidos por legislação. Isso porque a conformidade com as regras do sistema determina, *a priori* em favor do capital, o que pode e o que não pode ser "racionalmente disputado e contestado" não apenas no domínio político, mas sobretudo em relação à viabilidade de questionar e desafiar a estrutura estabelecida do processo de reprodução social. Assim, como resultado da divisão sintonizada com essas regras, o braço político perde o poder material por meio do qual o movimento dos trabalhadores poderia de fato se opor à lógica do capital e à sua força de autoafirmação. Perde ainda o poder de lutar não apenas por concessões mínimas, que podem ser contidas e, se necessário, revertidas na moldura estrutural existente, mas pela instituição de uma ordem alternativa de reprodução social. Ao mesmo tempo, enquanto o braço político se tornou impotente por se privar da força combativa material do trabalho produtivo – que tem importância vital para a continuação da reprodução do capital –, o braço *industrial* foi obrigado a abandonar a preocupação legítima não só com uma mudança estrutural maior, mas até mesmo com qualquer objetivo político. Foi constrangido a resignar-se com melhorias marginais. E mesmo a busca por tais melhorias marginais e parciais precisa ficar em estrita subordinação às mudanças *conjunturais* e às limitações das unidades *particulares* do capital com as quais as unidades locais do braço *industrial* são, por lei, autorizadas a entrar em "disputa econômica".

4.5

Aqui o problema insuperável é a natureza do poder sob a dominação do capital – problema que permanecerá caso não haja uma reorientação fundamental do objetivo estratégico da transformação socialista. Políticos reformistas, sejam social-democratas, sejam daqueles que fantasiam o "caminho italiano para o socialismo" dentro dos limites paralisantes do capitalismo existente, nunca encararam esse problema. De fato, não poderiam encará-lo porque, se o fizessem, poderiam expor o caráter irrealizável de suas estratégias autocontraditórias. Ao tentar *reformar o incontrolável*, também pressupunham *um poder que não existia nem poderia existir* como alavanca para a prometida transformação da ordem social estabelecida. Tal alavanca não poderia existir pela simples razão de que, *como controlador do processo de reprodução sociometabólica, o poder do capital social total é indivisível*, apesar das mistificações perpetuadas pela ideologia burguesa sobre "a divisão de forças" na esfera política.

Portanto, de modo compreensível, as estratégias construídas sobre os dois pilares – 1) *reformar o incontrolável* e 2) *conquistar os postos mais altos de comando* do sistema estabelecido, por meio da alavanca de um *poder inexistente* – teriam de terminar com a derrota da esquerda histórica imposta a si própria. Como vimos, isso necessariamente se aplicou *mutatis mutandis* também às sociedades pós-revolucionárias "do socialismo de fato existente" de tipo soviético, pois as "personificações do capital" nessas sociedades, embora não funcionassem em e por meio de um ambiente parlamentar, deixaram de enfrentar o caráter *incontrolável do capital* nas ocasiões em que ele se afirmava de maneira sólida, isto é, como regulador do processo de reprodução sociometabólica. Assim, por conta de sua incapacidade de identificar o plano sociometabólico como o verdadeiro objeto de intervenção e reestruturação estratégicas, tentaram exercer o poder de forma bastante voluntarista, em uma tentativa de solucionar sua verdadeira *falta de poder* em relação aos imperativos materiais objetivos e às necessidades expansionistas seguidas de forma irrestrita – porém cumpridas cada vez com menos eficiência – do sistema do capital pós-capitalista. O fato de o capital, como um modo de reprodução sociometabólico, ser incontrolável – a verdadeira *causa sui* compatível com "melhorias e corretivos" dos *efeitos e consequências*, mas não da base causal do sistema – significa não apenas que o capital é *irreformável*, mas também que *não pode compartilhar o poder*, mesmo em curto prazo, com forças que pretendam transcendê-lo como "objetivo final", não importa quão longo seja o prazo. Essa é a razão pela qual as estratégias de "reforma gradual" da social-democracia tinham de resultar em absolutamente nada em termos de potencial transformador socialista. Enquanto o capital permanecer como o regulador efetivo do sociometabolismo, a ideia de "luta igual" entre capital e trabalho está destinada a permanecer uma mistificação. Isso porque se trata de uma ideia perpetuada e realçada pelos rituais de enfrentamento parlamentar dos "representantes do trabalho" com seus adversários legislativos: um embate "sem competição", cuja premissa aceita de forma autocontraditória é a permanência da posição material do capital. As disputas políticas limitadas ao Parlamento, reguladas apenas por instrumentos e instituições da "violência legítima" que se apoiam na estrutura global de comando político do capital, não podem ser uma *luta contra o capital*, mas entre alguns dos seus *componentes* mais ou menos diferenciados. Os membros do Parlamento que professam submissão, quer aos variados interesses empresariais, quer às seções do trabalhismo reformista, também se sujeitam aos constrangimentos necessários à definição de seus objetivos legislativos de acordo com as convenientes regras do "Estado constitucional" do capital social global. Ao mesmo tempo, os representantes do trabalho que tentam manter uma postura crítica radical são mantidos fora do Parlamento ou marginalizados no seu interior por completo. Em contraste com o sistema parlamentar, nas sociedades pós-capitalistas as "personificações do capital" funcionaram sob mistificação bem diferente, mas também prejudicial. Tentaram tratar o capital como uma *entidade material* – o depositário neutro da "acumulação socialista" – ou como um *mecanismo* da mesma maneira *neutro*, o "mercado social", ignorando que o capital, na verdade, é sempre uma *relação social*. Assim, mesmo que a nova legalidade do capital tivesse de assumir uma forma diferente, o *fetichismo do capital* dominou as sociedades pós-capitalistas da mesma forma que imperou sob o capitalismo.

A relação entre capital e trabalho não pode ser considerada *simétrica*, dada a *impossibilidade de equilibrar o poder em disputa* e muito menos de alterá-lo a *favor do trabalho*. O conceito de "equilíbrio de poder" como regulador da força sociopolítica interna pertence apenas ao mundo do capital, influenciando com "legítimo interesse" as inter-relações variáveis entre os menores e os maiores constituintes do capital social total articulado em qualquer ponto particular na história. A sempre crescente "selva legislativa", mencionada no capítulo 3, é o corolário necessário desse tipo de articulação estrutural do capital social como um todo. A essa articulação – sujeita às limitações práticas originadas da tendência monopolista do sistema – é inevitável que se siga a luta que busca na arena legislativa alterar o equilíbrio *entre* os componentes particulares do capital. E isso inclui também as limitadas possibilidades de ação legislativa concedidas aos setores do trabalhismo reformista na periferia do equilíbrio, em constantes renovação e superação, entre as cambiantes unidades do capital. (Um bom exemplo desse tipo de melhoria marginal orientada para o equilíbrio é a "iluminada" legislação "em favor do trabalho" de *sir* Winston Churchill, em 1906, sobre os níveis do *salário mínimo*, bem como as últimas controvérsias na União Europeia solicitando igual remuneração para os grupos de trabalhadores que se transferem de um país-membro ao outro. Apesar da impecável descendência legislativa churchilliana, a derrubada completa da boa e velha "legislação sobre salário mínimo" pela "direita radical" sob Margaret Thatcher e seus sucessores demonstra a extrema precariedade daquelas "conquistas do trabalho" sob circunstâncias históricas bastante alteradas, da mesma forma como a controvérsia atual esconde os interesses subjacentes de proteção do capital e a necessária fragilidade das medidas trabalhistas a eles associadas.)

Embora os interesses dos integrantes particulares do capital possam ser equilibrados com sucesso – ainda que de maneira apenas temporária –, não pode haver equilíbrio entre os interesses e o poder do capital e do trabalho, respectivamente. Ou o trabalho é o *antagonista estrutural e a alternativa sistêmica ao capital* – e, nesse caso, "compartilhar a força" com o capital trata-se de uma contradição absurda – ou permanece como a parte subordinada, segundo a própria estrutura (o sempre ameaçado "custo de produção"), do processo de autorreprodução ampliada do capital e, como tal, *sem nenhum poder*. A força efetiva do trabalho na ordem socioeconômica existente é *parcial* e *negativa*, como a *arma da greve*. Portanto, o trabalho não pode ser mantido na sua negatividade de maneira indefinida, porque a premissa prática necessária de tal operação – como na extraordinária greve pacífica de um ano dos mineiros ingleses – é a continuação do funcionamento da ordem sociometabólica, cujas partes que continuam trabalhando devem ser capazes de assumir a carga do trabalho em suspensão temporária. A ideia de uma greve política geral é uma proposta em sua essência diferente. Para ser bem--sucedida, deve ter por objetivo uma mudança fundamental na própria ordem de reprodução social, de outro modo, fatalmente seu impacto será anulado em seguida, como nas greves gerais do passado. Assim, o paradoxo do poder que desafia o movimento socialista está no fato de que, mesmo em sua *parcialidade*, o exercício da força *negativa* do trabalho hoje existente é insustentável a longo prazo. Apenas sua força *potencialmente* positiva é de fato sustentável porque, pela sua própria natureza, não se limita à busca de objetivos *parciais*. A condição de sua realização é a força positiva do trabalho, entendido como alternativa sistemática ao modo de controle do capital que deve considerar a si próprio como o princípio estrutural radical do sociometabolismo como um todo. Assim, qualquer que seja a maneira como olhamos – quer em sua negatividade em parte contestadora, quer como a potencialidade positiva da completa transformação socialista –, torna-se claro que sob nenhuma circunstância pode alguém pensar no poder do trabalho compartilhado com o capital (ou o contrário), apesar das ilusões tão bem conhecidas e das resultantes e inevitáveis derrotas do reformismo parlamentar.

Da relação assimétrica entre capital e trabalho também decorre que – em completa contradição com as práticas de representação associadas às relações internas da pluralidade do capital – o *trabalho não pode ser representado*. De certo modo, é verdade que o capital também *não o pode*, mas existe uma diferença radical em relação à posição do trabalho. A ideia de o próprio capital ser representado no domínio parlamentar pode apenas projetar a ilusão do *poder compartilhado e equilibrado com o trabalho*, como encontramos nos inumeráveis contos de fadas da ideologia burguesa e reformista. Contudo, o postulado de "igualdade" e "imparcialidade", com base no qual nem o trabalho nem o capital têm representação direta no domínio legislativo, supostamente regulado por algum misterioso "processo próprio da lei", em sintonia com a ideia de Max Weber de que os "juristas" são os criadores autônomos do "Estado ocidental", não é nada mais que uma camuflagem mentirosa e interesseira das relações de poder existentes. A grande diferença é que o capital como um todo não é representado porque *não precisa de representação*, visto que já *está no controle completo do processo sociometabólico*, incluindo o controle efetivo – extraparlamentar – de sua própria estrutura de comando político, o Estado. Por outro lado, o trabalho, *em princípio*, não pode ser representado porque suas formas possíveis de "representação" – mesmo que se pudesse organizá-las na esfera política com base na "igualdade" e na "justiça", o que é impossível em vista das relações materiais e ideológicas de poder – teriam de ser estéreis, pois não podem alterar as determinações estruturais extraparlamentares do modo muitíssimo arraigado de reprodução sociometabólica do capital.

Evidentemente, isso não significa que o sistema historicamente desenvolvido de representação parlamentar seja irrelevante para a afirmação das regras do capital sobre a sociedade. Nem se pode considerar o seu valor para o capital apenas por sua indubitável força de mistificação ideológica. Longe disso, pois a representação parlamentar é capaz de realizar algumas funções vitais na ordem sociometabólica existente. Em parte, o papel regulador essencial do Parlamento consiste em legitimar (e, desse modo, também "internalizar") a imposição das severas regras da "legalidade constitucional" sobre o trabalho em potencial recalcitrante. Entretanto, o papel do Parlamento não está, de modo algum, limitado a isso. No seu desenvolvimento histórico, a sujeição do trabalho à autolegitimação da "legalidade constitucional" ficou em segundo plano em relação à sua função crucial, original e primeira, que consistiu e consiste em permitir que a *pluralidade de capitais* encontre, em todos os momentos do desdobramento da dinâmica do sistema, o *modus vivendi* necessário (mesmo que sempre temporário) e o *equilíbrio de poder entre seus componentes*. É assim que o capital social total pode afirmar suas regras na esfera política sob as condições da "democracia parlamentar".

Como vimos, o sistema do capital é constituído de componentes incorrigivelmente *centrífugos*, em cuja base se encontra a também incorrigível ligação estrutural *conflitiva* comum a todos os seus componentes, desde o microcosmo até as maiores corporações transnacionais. O capital, como totalidade social, mantém a força centrífuga sob controle (e *deve* fazê-lo de uma forma adequada) por meio das regras de toda maneira dominantes e das determinações estruturais que definem de forma objetiva o próprio capital como um modo de controle sociometabólico. As determinações em questão são *internas*, não apenas ao sistema como um todo, mas também a cada um de seus componentes. Em outras palavras, elas devem ser *compartilhadas* por todos os diversos componentes particulares do capital, não obstante os interesses conflitantes de uns *vis-à-vis* aos outros. Sem compartilhá-las – o que ao mesmo tempo também significa compartilhar o *vital interesse comum* de serem partes do sistema de controle da reprodução sociometabólica, do qual emerge a consciência de classe autocentrada das "personificações do capital" –, não poderiam operar entre si como uma pluralidade de capitais afirmando seus interesses particulares dentro das restrições estruturais globais e da autopreservação dinâmica do seu sistema em toda situação histórica dada. Eis como o capital em si, articulado como o modo de reprodução sociometabólica hoje existente, pode manter sob controle a intransponível força centrífuga de suas partes constituintes. Não apenas *anulando* essa força – com o que o sistema do capital deixaria de ser um sistema viável *sui generis* –, mas *complementando-a* por meio dos imperativos da reprodução sistêmica global e, desse modo, apenas impedindo o impacto *desintegrador* das insuperáveis interações *de conflito*.

É assim que o Estado do sistema do capital alcança sua enorme importância, não só como a estrutura reguladora global das relações *políticas* contingentes, mas também como um constituinte material essencial do sistema em seu todo, sem o qual o capital não poderia afirmar-se como a força controladora do modo estabelecido de reprodução sociometabólica. Dessa maneira, nas circunstâncias da "democracia constitucional", o sistema parlamentar é uma parte essencial na manutenção, sob um controle adequado, da força centrífuga da pluralidade do capital. Nesse processo, os interesses da multiplicidade dos capitais podem ser representados de forma adequada, pois a representação dos mais diversos interesses do capital no Parlamento, sob o comando estrutural global político do capital, está em completa sintonia com as determinações gerais do controle sociometabólico. Apesar do antagonismo estrutural entre capital e trabalho, que também afeta os constituintes particulares do capital, os conflitos entre a pluralidade dos capitais – sujeitos aos limites globais das determinações mencionadas – se compensam de forma recíproca. Eles *nunca* podem ser dirigidos contra o *sistema* do capital, sem o qual a pluralidade dos capitais divergentes não poderia sequer ser imaginada e muito menos existir. Assim, a força reguladora da representação parlamentar, até onde a pluralidade do capital diz respeito, é de todo adequada como *representação* genuína e também como *preservação* (ou "eternização") de um poder – a força de controle sociometabólica – *já existente*. No entanto, é por essa razão que o trabalho não pode, por princípio, ser representado, na medida em que seu interesse vital é a *transformação radical* da ordem de reprodução social estabelecida, e não sua *preservação*: a única compatibilidade possível com a representação parlamentar sob a estrutura de comando político global do capital. É assim que na esfera política, sob todas as formas históricas conhecidas do sistema parlamentar, a relação assimétrica entre capital e trabalho anula os interesses emancipatórios do trabalho.

Há outra maneira pela qual a política parlamentar serve aos interesses do capital como sistema metabólico, assim como aos interesses de seus múltiplos constituintes. De acordo com a dinâmica mutável do desenvolvimento do capital social total, o Parlamento oferece a estrutura que permite deslocamentos de longo alcance na operação estratégica do sistema *vis-à-vis* ao trabalho. Isso aconteceu nas décadas do pós-guerra com o movimento do "butskellismo" (ou da paternalista "nação única conservadora") até as estratégias selvagens da "direita radical" de Thatcher. Muito revelador nesse ponto é o nítido contraste entre duas soluções parlamentares para a crise estrutural do capital,

tal como percebidas e aconselhadas por diferentes seções do capital inglês em 1979. O primeiro dos quinze longos anos de dominação do Parlamento inglês pelo governo de Margaret Thatcher também testemunhou o eclipse da linha política anterior do Partido Conservador, resumido em uma nostálgica entrevista concedida em fevereiro de 1979 à rede de televisão BBC pelo antigo primeiro-ministro Harold Macmillan. Foi assim que "Super-Mac" – que mais tarde iria denunciar com sarcasmo como vulgares e míopes, por "vender a prata da família", as corruptas políticas de privatização do governo Thatcher – resumiu sua proposta de solução para a crise, já então evidente, tentando se manter em sintonia com o espírito do "consenso político" do Estado keynesiano orientado para o bem-estar social, seguido pelas seções dominantes do capital inglês por duas décadas e meia depois da Segunda Guerra Mundial:

> Talvez o caminho fosse colocar, de algum modo, todos juntos e dizer: "Gente, *tudo depende de nós*; vamos pôr mãos à obra e aumentar a produção total da *riqueza comercial*". Isso é o que queremos... Estou certo de que em nosso país as pessoas receberiam bem uma verdadeira liderança – "*Garotos e garotas, vamos nos reunir* e construir aquele mundo maravilhoso que está ao nosso alcance...". Estou certo de que existem forças agora que, se pudéssemos ao menos *unir, quer no governo, quer em uma unidade das grandes organizações dos empregadores e sindicatos*, quer nas igrejas – todas as pessoas que formam a opinião –, diriam: "Basta; nós precisamos *começar de novo*". É uma *questão de moral*; precisamos ter a determinação e precisamos recuperar a coragem.[19]

---

[19] Harold Macmillan, "at 85: an interview", *The Listener*, 8/2/1979, p. 209.

Poucos meses depois dessa entrevista, o Partido Conservador, sob a liderança de Margaret Thatcher, foi eleito para o governo. Em um curto período de tempo *todos* os membros parlamentares desse partido, a favor da "nação única", foram tachados de incapazes e afastados da política de forma brutal, como também o seriam, mais tarde, os membros da ala esquerda do Partido Trabalhista sob liderança dos ex-esquerdistas Michael Foot e Neil Kinnock. A intenção não era mais estimular os "garotos e garotas" a se unir ao governo e às "grandes organizações de empregadores e sindicatos" para a causa da "questão moral" de buscarem juntos "um novo começo" sob a forma do aumento da "produção de riqueza comercial". Longe disso, a *mudança de guarda* no Partido Conservador (e não apenas nele) colocou como item principal na agenda política a opressão "constitucional" dos órgãos de defesa da classe trabalhadora. Os "garotos e garotas" no Parlamento – antigos colegas de Macmillan – ocupavam-se com leis punitivas antitrabalho e medidas industriais e financeiras concebidas e instituídas no mesmo espírito em favor do capital. E a mudança do domínio político de algumas seções do capital para outras mais agressivas não foi, de modo algum, um aperfeiçoamento restrito aos ingleses. Pelo contrário, o desdobramento estrutural da crise do sistema do capital provocou em todos os países "capitalistas avançados" medidas políticas, industriais e financeiras muito semelhantes, bem como as racionalizações ideológicas correspondentes.

Por mais difícil que seja acreditar no que nossos olhos leem na passagem a seguir, temos de lhe dar a atenção necessária como um exemplo típico originário da "direita radical" dos Estados Unidos. Ela encapsula a "teoria econômica objetiva" de um importante *expert*/especulador financeiro e influente lobista, James Dale Davidson[20] que, em prol dos méritos "científicos" da linha antitrabalho, argumenta:

> Como investidor, você deve ser sempre cauteloso com as suposições corretas sobre as relações econômicas. Isso é especialmente verdadeiro em um tópico como [surpresa, surpresa!] salários, quando súplicas e considerações políticas se transformam em obstáculos no caminho da verdade. A verdade é que, quaisquer que sejam suas intenções, é muito difícil para os empregadores nas sociedades de mercado "explorar" os trabalhadores. Isso é quase impossível quando os trabalhadores são livres para desenvolver seus talentos e movimentar-se de uma oportunidade para outra. [Isto é, no faz de conta utópico do "capitalista do povo".] De maneira surpreendente [desta vez, uma surpresa real], é muito mais comum os trabalhadores explorarem os capitalistas. Em geral, essa é a função dos sindicatos dos trabalhadores. Eles aumentam o nível de salário acima do nível de mercado. O resultado é que os investidores recebem uma porção menor da renda da empresa do que aquela que receberiam se as coisas fossem de outro modo. [...] A existência de instituições democráticas durante períodos em que a tecnologia aumenta a economia de escala mais ou menos garante que os trabalhadores explorem os capitalistas.[21]

---

[20] James Dale Davidson é criador e presidente da União Nacional dos Contribuintes nos Estados Unidos, organização de direita "e a força dirigente da Convenção Constitucional para o equilíbrio do orçamento", de acordo com a publicidade enfática de seu livro citado a seguir. Seu sucesso em equilibrar o orçamento dos Estados Unidos também é uma boa medida da qualidade de suas teorias.

[21] James Dale Davidson e *sir* (agora *lord*) William Rees-Mogg, *Blood in the Streets: Investment Profits in a World Gone Mad* (Londres, Sidgwick & Jackson, 1988), p. 156-7. O título do livro [Sangue nas ruas] refere-se a um famoso dito do barão Nathan Rothschild: "A melhor época para comprar é quando o sangue está correndo nas ruas."

De modo característico, a descrição das mudanças favoráveis ao capital nem sequer menciona a cruel intervenção dos "parlamentos democráticos", que solapa a limitada força defensiva dos sindicatos por meio da debilitação em larga escala da força de trabalho e da concomitante criminalização da luta contra ela. Tudo é atribuído, com a costumeira objetividade científica, aos fatores *tecnológicos* estritos. Como se sequer existissem as forças políticas que o autor, na condição de lobista, anseia por influenciar com todos os meios à sua disposição. É assim que se supõe que as leis antissindicato do passado recente se tornem de fato irrelevantes para a compreensão desses desenvolvimentos. Dizem-nos que apenas a tecnologia racionalmente inquestionável explica por que "*os sindicatos estão agora capengando* nas sociedades do Ocidente, pois a tecnologia está reduzindo as economias de escala. Isso explica por que os *diferenciais de renda estão de novo aumentando*, visto que trabalhadores não especializados são obrigados a procurar emprego conforme a média salarial do mercado"[22]. Na verdade, eles são "obrigados a encontrar emprego" *se puderem*, não com "salário segundo a média do mercado", mas quase sempre bem abaixo do nível de subsistência, dado o impacto devastador do *desemprego crônico* nas idealizadas "economias de escala bem ajustadas" do sistema do capital contemporâneo. Sem dúvida, tudo isso não tem nada a ver com a selvageria das leis antissindicatos, nem com a desumanizadora brutalidade do "desemprego estrutural". Na verdade, o próprio desemprego deve ser o artifício mais astuto já imaginado pelo trabalho para "explorar os capitalistas e investidores", pobres desamparados, obrigando-os a "receber uma porção menor da renda da empresa do que

---

[22] Ibidem, p. 157.

aquela que receberiam se as coisas fossem de outro modo"; "outro modo" possível se os desempregados lhes permitissem fazer a economia funcionar sob condições mais generosas de geração de renda do pleno emprego.

Todavia, saindo do faz de conta construído com cuidado pelos cínicos apologistas do capital e voltando à realidade, existem mais duas condições agravantes a serem consideradas aqui. A primeira é que a acomodação do trabalho às coações paralisantes da estrutura parlamentar no momento do aprofundamento da crise estrutural do capital faz que ele seja atingido de modo grave pelo impacto negativo das mudanças ocorridas na estrutura de poder do capital social total e pela pequena margem de ação que elas lhe podem oferecer, mesmo para os mais limitados ganhos defensivos. A atual submissão do trabalhismo reformista às forças opostas aos interesses da classe trabalhadora demonstra que a fase histórica das estratégias defensivas já se esgotou. Paralelamente à transformação dos tradicionais partidos social-democratas e trabalhistas em mansos defensores da tímida – e, em seus próprios termos de referência, ineficaz – reforma socioeconômica e política do trabalhismo liberal, a social-democratização dos partidos comunistas do Ocidente oferece exemplos óbvios, de uma forma dolorosa, da derrota sofrida pela esquerda histórica em razão desses deslocamentos e mudanças no interior dos limites da acomodação parlamentar. Uma mudança irônica nessa infeliz, mas eloquente, história é o fato de que alguns proeminentes políticos da ala direita do Partido Trabalhista Britânico se encontrem agora marginalizados por suas "inaceitáveis francas opiniões esquerdistas", que, dizem, prejudicam as perspectivas do Novo Trabalhismo no governo; tais opiniões são, de fato, inaceitáveis a tal ponto que eles próprios se sentem obrigados a anunciar sua retirada da política na próxima eleição geral, evitando assim a humilhação da "derrota eleitoral". À sua maneira, essa mudança histórica acentua, por meio da "preparação para governar" adotada pelos líderes do partido, o fato de não se poder tolerar nem mesmo as promessas não cumpridas da velha cláusula IV, pois, sempre que o trabalhismo reformista assume o governo, o capital continua no comando.

A segunda condição agravante é ainda mais séria, já que coloca em questão a própria sobrevivência da humanidade. A despeito da piora das condições socioeconômicas e até da eliminação da margem para ajustes menores a favor do trabalho – com o ativo envolvimento de medidas autoritárias legislativas e a cumplicidade de seu próprio partido –, o capital é incapaz de resolver suas crises estruturais e de reconstituir com sucesso as condições de sua dinâmica expansionista. Ao contrário, para permanecer no controle do sociometabolismo, ele é compelido a invadir territórios que não pode controlar nem utilizar para os fins da acumulação sustentável de capital. Além disso, para permanecer no comando da reprodução social, por maior que seja o custo para a humanidade, o capital deve minar até suas próprias instituições políticas, que no passado funcionaram como um corretivo parcial e como uma espécie de válvula de segurança. Nesse passado, ainda estava mais ou menos aberta a via do deslocamento expansionista das crescentes contradições do capital que se acumulavam. Hoje, pelo contrário, as opções do sistema do capital estreitaram-se em todo o mundo, inclusive na esfera da política e da ação parlamentar corretiva. Essa redução das opções de recuperação da expansão traz consigo o imperativo de dominar a política também de forma direta, por um cruel "consenso político" entre o capital secular e o Novo Trabalhismo, em um complemento apropriado às tendências autoritárias da "nova ordem mundial" que não se restringe apenas ao Partido Trabalhista Britânico. A consumação desse consenso cruel – longe de ser o último triunfo do capital, como afirmam as fantasias absurdas sobre o "fim da história conflitante" – antes prenuncia o perigo de um colapso maior, que afetaria não apenas um número limitado de elementos centrífugos do capital ou um setor-chave como a finança internacional, mas o sistema global do capital em sua totalidade. É por causa desse perigo que a necessidade de contrapor à força destrutiva extraparlamentar do capital a correta ação extraparlamentar de um movimento socialista radicalmente rearticulado adquire relevância e urgência.

4.6
Quando a fase histórica de conquistas defensivas estiver exaurida, o trabalho, na condição de antagonista estrutural do capital, só poderá fazer avançar sua causa – mesmo o mínimo – na medida em que assumir uma postura ofensiva e, mesmo quando estiver lutando por objetivos mais limitados, encarar como sua meta a negação radical e a transformação positiva do modo de reprodução sociometabólica. Apenas a adoção de uma estratégia global viável permite que os pequenos passos se tornem cumulativos, em nítido contraste com todas as formas conhecidas do trabalhismo reformista que desapareceram sem deixar traços, como gotas de água nas areias do deserto.

No passado, as conquistas defensivas sempre estiveram em estreita ligação com as fases de expansão do sistema do capital. Eram retiradas da margem de concessões disponíveis ao sistema e que também podiam ser transformadas de forma positiva em vantagens para ele. Mesmo sob as mais favoráveis circunstâncias, elas não poderiam trazer a prometida realização "gradual" do socialismo. Por causa de sua própria natureza, eram apenas *concessões conjunturais* realizadas sob condições favoráveis ao próprio capital e apenas na qualidade de "glória reflexa" eram proveitosas também para o trabalho. Porém, uma vez que a fase histórica das concessões expansionistas do capital ficou para trás, também acompanha tal fato a capitulação total do trabalhismo reformista que testemunhamos nas últimas décadas. Sob as atuais condições, não apenas novos ganhos defensivos do trabalho estão fora de questão, como muitas das concessões do passado devem ser aos poucos extirpadas, dependendo tal gradualismo apenas do potencial impacto desestabilizador na continuidade da autorreprodução do capital no caso de muito ser retomado em um pequeno intervalo de tempo. É isso o que torna moderada a tendência à equalização da taxa diferencial de exploração nos países de capitalismo avançado, ao menos enquanto o capital social total dos países envolvidos tiver fôlego para compensar essas concessões por meio da dominação neocolonial sobre as áreas do planeta que oferecem ao "capital metropolitano", graças à margem mais elevada de exploração praticável, uma margem de lucro bem mais alta. Contudo, mesmo esses fatores paliativos atuais deverão ser temporários e removidos com o desdobramento da crise estrutural do capital.

Alguns – que se imaginam realistas – insistem (com *slogans* como "acabou a festa") que os constrangimentos que afetam o sistema devem ser aceitos como permanentes, instando também que aceitemos a permanência da subordinação estrutural do trabalho ao capital. Eles pensam que acabou a fase radical da militância do trabalho, acrescentando que no passado tudo foi apenas uma grande ilusão romântica; isso para não mencionar os "teóricos" e "doutores vira-casacas" do Novo Trabalhismo que atribuem as aspirações revolucionárias passadas do movimento socialista às habilidades "literárias" dos jovens Marx e Engels.

A dificuldade daqueles que defendem a submissão permanente do trabalho ao capital é que eles são forçados a hipostasiar a permanência absoluta do sistema atual. Isso só é possível desde que sejam escondidos por completo, inclusive deles próprios, os aspectos mais destrutivos do controle sociometabólico do capital, que são visíveis não apenas aos socialistas, mas a todos aqueles que se disponham a fazer os cálculos ambientais mais elementares. No passado, a perspectiva estratégica do trabalhismo reformista não se angustiava com essas preocupações e, portanto, a distinção entre o "domínio da sociedade sobre a riqueza" em vez do "domínio alienado da riqueza sobre a sociedade" não poderia ter, de forma nenhuma, qualquer significado para ele. Porém, hoje, esses problemas não podem mais ser ignorados. Nem é possível identificar o trabalhismo reformista, que sempre se esvazia e se desintegra, com o próprio trabalho. Já é óbvia a constatação de que a história do trabalhismo reformista se caracteriza por sua integração progressiva à estrutura de comando político do capital e, desse modo, também por sua *completa desintegração por meio de sua integração capituladora mesmo como reformismo.*

Assim, os "realistas" que projetam a harmonia tranquila entre capital e força de trabalho social-democrata simplesmente ignoram a questão, pois apenas o reformismo acomodado pode ser visto em tranquila harmonia com o capital, desde a supremacia histórica do sistema até sua fase de desenvolvimento destrutivo e desintegrador. Essa concepção também mostra uma incapacidade singular de enxergar que a própria classe do trabalho não tem como evitar o fato de ser o *antagonista estrutural do capital*, mesmo que em condições favoráveis à perspectiva reformista – aquelas em que as demandas da força de trabalho social-democrata podem ser de forma conveniente conciliadas e contidas nos limites do sistema e usadas para a expansão dinâmica acumuladora deste – o capital conceda de imediato ganhos defensivos ao trabalho. Porém, tudo isso sofre alteração radical quando, por qualquer razão, a via de expansão dinâmica sofre algum bloqueio. Do trabalho, então, espera-se que limite suas aspirações – inclusive aquelas com surgimento direto a partir de suas necessidades mais elementares – aos imperativos da "razão" do capital, pregada por seus próprios líderes reformistas como um "realismo necessário".

Sob essas condições alteradas, caso elas se prolonguem (como deve ocorrer em decorrência da crise estrutural do sistema), o antagonista do capital é compelido a contemplar a viabilidade de uma ofensiva estratégica que vise à transformação radical da ordem sociometabólica estabelecida. Será compelido a fazê-lo mais cedo ou mais tarde, mesmo que o processo de reavaliação da orientação estratégica do movimento socialista seja muito difícil. Para tanto, deverá considerar e aprender com as experiências frustradas e as expectativas negadas, do mesmo modo que, assim esperamos, com a progressiva melhora da estrutura organizacional adequada e das medidas táticas pelas quais os objetivos estratégicos adotados podem ser alcançados.

Outro argumento quase sempre usado a favor da acomodação permanente alerta para o risco de um movimento revolucionário socialista ter de enfrentar medidas autoritárias extremas. Esse argumento é respaldado pela ênfase dada ao imenso poder destrutivo à disposição do capital e ao inegável fato histórico de que nenhuma ordem jamais cede de boa vontade sua posição de comando na sociedade, utilizando, se necessário, a forma mais violenta de repressão para conservar seu domínio. A fraqueza desse argumento é dupla, apesar das circunstâncias factuais que parecem apoiá-lo.

Primeiro, desconsidera que a confrontação antagônica entre capital e trabalho não é político/militar, no qual um dos antagonistas possa ser preso ou trucidado no campo de batalha. Se há grilhões nessa luta, eles estão aplicados ao trabalho, já que o único tipo de grilhão compatível com o sistema deve ser "flexível" o suficiente para habilitar a classe do trabalho a produzir e ser explorada. Nem se pode imaginar que o poder autoritário do capital seja usado apenas contra um movimento revolucionário socialista. As medidas repressivas sobre o trabalho das duas últimas décadas — para não mencionar os muitos exemplos do passado de emergências históricas sob o sistema do capital caracterizadas pelo uso da violência — fornecem uma indicação do que de pior poderá advir de futuras confrontações mais agudas. Esta não é, contudo, uma questão do tipo *ou isto ou aquilo*, que ofereça alguma garantia de tratamento justo e benevolente no caso de submissão e acomodação deliberada do trabalho. O assunto depende da gravidade da crise e das circunstâncias nas quais os antagonismos se desdobrem. Por mais desagradável que essa verdade possa parecer aos socialistas, o grilhão mais pesado que o trabalho tem de suportar, enquanto o movimento não conseguir operar uma ruptura estratégica de transição para uma ordem sociometabólica radicalmente diferente, é manter-se *atado ao capital* para a continuidade de sua sobrevivência. Porém, isso é tão ou mais verdade para o capital, com a diferença qualitativa de que para ele é impossível realizar uma ruptura para o estabelecimento de uma outra ordem social. Para o capital, de fato, "não há alternativa" – e nunca poderá haver – à sua dependência estrutural da exploração do trabalho. Esse fato fixa limites bem demarcados à capacidade de dominação permanente do capital sobre o trabalho por meio da violência, forçando-o a usar contra a classe trabalhadora os "flexíveis" grilhões mencionados. A violência pode ser usada de maneira seletiva, contra grupos limitados do trabalho, mas não contra a organização de um *movimento de massa* revolucionário. Por isso é tão importante o desenvolvimento da "consciência comunista de massa" (para usar a expressão de Marx), em contraste com a vulnerabilidade da orientação sectária estreita.

A segunda observação é tão importante quanto à primeira porque se refere às determinações mais íntimas do sistema do capital como ordem sociometabólica necessariamente orientada para a expansão e dirigida para a acumulação. Ainda que o uso do poder por meio do equipamento repressivo possa, em situações de *emergência*, servir ao propósito de recompor as relações de poder a favor do capital, o fato é que ele é perdulário ao extremo mesmo nos próprios termos de referência do sistema. É fundamental que se leve em conta ser impossível assegurar a expansão e a acumulação necessárias de capital com base na perpetuação da emergência perdulária em termos econômicos, para não mencionar os perigos políticos associados a ela e que não são de forma alguma desprezíveis. A ideia de um "Big Brother" permanente que domina com sucesso o trabalho já é fantástica demais mesmo para a ficção orwelliana, quanto mais para a realidade do modo de reprodução sociometabólica do capital, pois este estará sem dúvida condenado ao desaparecimento se não puder assegurar de forma permanente sua própria reprodução pela apropriação dos frutos do trabalho cada vez mais produtivo e a concomitante realização ampliada de valor, inconcebível sem um processo dinâmico de "consumo produtivo".

Contudo, nem a melhora da produtividade do trabalho, com o necessário crescimento da socialização do processo de trabalho como sua condição prévia, nem a necessária expansão do "consumo produtivo" são compatíveis com a ideia de um estado permanente de emergência. Além disso, como argumentou com razão Chomsky muitos anos atrás, o sistema de vigilância que acompanha a manutenção bem-sucedida de um domínio autoritário permanente envolve o absurdo (e, claro, o custo correspondente) da *regressão infinita* associada à obrigação de monitorar não apenas toda a população, mas também o próprio pessoal encarregado do monitoramento, além dos monitores dos monitores etc.[23]

Devemos acrescentar ainda que a ideia da dominação permanente do capital pelo uso da violência tem como premissa necessária a *unidade* total do *capital global* contra as forças de trabalho *nacionais* que estão de fato sob o controle das unidades particulares do capital na ordem global existente (que não é unificada). Esse postulado vazio de unidade e uniformidade global do capital ignora com arbitrariedade *a lei do desenvolvimento desigual*. Não só ela, mas também a evidência histórica de que o exercício da força em grande

---

[23] Ver Noam Chomsky, "The Responsability of Intellectuals", em Theodore Roszak (org.), *The Dissenting Academy* (Nova York, Random House, 1967).

escala – por meio da guerra – nunca prescindiu das massas em geral motivadas por séculos de rivalidades nacionais para poder impor violência contra seus iguais do lado dos inimigos. De fato, a articulação nacional do sistema global do capital, longe de ser um acidente histórico, foi incentivada pela necessidade de um grau mínimo de consenso que permitisse ao capital manter o controle sobre a força de trabalho. Caso contrário, as rivalidades intercapitalistas, inclusive as conflagrações internacionais mais abrangentes, passariam a ser riscos inadministráveis do ponto de vista do capital social total, anulando a lógica interna do sistema de intensificar ao máximo o conflito de interesses e fazer prevalecer os mais fortes no *bellum omnium contra omnes* hobbesiano; pois, na ausência de um suficiente alto grau de consenso entre capital e trabalho no mesmo país – em geral, presente em alto grau nos conflitos entre nações em toda situação de significativa disputa intercapitalista –, o próprio sistema do capital correria o perigo de ser vencido pelo trabalho, seu antagonista. (De fato, alguns socialistas radicais tentaram sem sucesso combater esse consenso com o programa que conclamou os trabalhadores, na irrupção da Primeira Guerra Mundial, "a voltar suas armas contra as burguesias nacionais".)

Em resumo, todos os argumentos a favor da manutenção da dominação permanente do capital pela imposição da violência em massa definem de modo autocontraditório suas condições de realização. Como mencionei na seção 2.5, é insana a ideia de projetar a dominação do capital, em sua confrontação direta com o trabalho, pela via de um estado de *emergência* de completa *instabilidade* e intrínseca transitoriedade, como *condição permanente* de sua *normalidade* futura. Sem dúvida, ninguém duvida que o uso da violência pode *adiar*, por um período mais ou menos longo, o sucesso dos esforços positivos de emancipação do trabalho; mas não pode *evitar* o esgotamento das potencialidades produtivas do capital. Mais do que isso, ao contrário, o uso da violência em massa arruína as condições objetivas do domínio do capital, *apressando* seu esgotamento.

Como antagonista do capital, a grande dificuldade do trabalho é que, apesar de o único alvo viável de sua luta transformadora ser o poder sociometabólico do capital – com seu controle estrutural/hierárquico, não apenas pessoal, mas objetivo, sobre a esfera produtiva material, do qual outras formas de "personificação" podem (e, sob as estratégias mal concebidas, com o tempo *devem*) nascer –, esse objetivo fundamental não pode ser alcançado sem a conquista do controle da esfera política. Além disso, essa dificuldade é intensificada pela tentação de se acreditar que, uma vez neutralizadas as instituições políticas do sistema capitalista herdado, o poder do capital estaria sob firme controle; uma crença fatal que só poderia acabar nas conhecidas derrotas históricas do passado.

Como discuti alhures*, o sistema do capital é composto de elementos incorrigivelmente *centrífugos*, complementados pela dimensão *coesiva* do poder de controle da "mão invisível" e das funções legal e política do Estado moderno. O fracasso das sociedades pós-capitalistas está no fato de terem se oposto à determinação centrífuga do sistema herdado *sobrepondo* aos seus elementos particulares conflitantes a *estrutura de comando centralizada ao extremo* de um Estado político autoritário. Tais sociedades, ao contrário, deveriam ter atacado o problema crucial de como *solucionar* – por

---

* István Mészáros, "A ordem da reprodução sociometabólica do capital", *Para além do capital*: rumo a uma teoria da transição (trad. Paulo Cezar Castanheira e Sérgio Lessa, São Paulo, Boitempo, 2002).

meio da reestruturação interna e da instituição do *controle democrático substantivo* – o caráter contraditório e o correspondente modo centrífugo de funcionamento das unidades reprodutivas e distributivas particulares. Portanto, a simples remoção das personificações privadas capitalistas não poderia cumprir esse papel, nem mesmo como um *primeiro passo* a caminho da prometida transformação socialista, pois a natureza contraditória e centrífuga do sistema herdado foi de fato mantida pela imposição da política de controle centralizada em detrimento do trabalho. O sistema sociometabólico tornou-se, assim, mais incontrolável do que antes, por causa da incapacidade de substituição produtiva da "mão invisível" da antiga ordem reprodutiva pelo autoritarismo voluntarista das novas personificações "visíveis" do capital pós-capitalista. Foi inevitável que isso provocasse a crescente hostilidade dos sujeitos castigados do trabalho excedente politicamente extraído contra a ordem pós-revolucionária. O fato de a força de trabalho ter sido submetida a um cruel controle político e, às vezes, até à desumana disciplina dos campos de trabalho de massas não significou que as personificações do capital de tipo soviético estivessem no controle do sistema. A incontrolabilidade do sistema reprodutivo pós-capitalista manifestou-se pela incapacidade crônica de alcançar os objetivos econômicos, escarnecendo das decantadas vantagens da "economia planejada". Isso selou seu destino, ao privá-lo de sua alegada legitimidade e fazer de seu colapso uma simples questão de tempo. Nos estágios finais de existência do sistema de tipo soviético, as personificações pós-revolucionárias do capital tentaram com desespero contrabandear a "mão invisível" para dentro de suas sociedades, rebatizando-a – para torná-la aceitável – de "socialismo de mercado"; isso apenas acentuou o fato de que, mesmo depois de sete décadas de "controle socialista", o sistema pós-capitalista permanecia irremediavelmente incontrolável e absolutamente incapaz de produzir um controle democrático substantivo de suas unidades produtivas e distributivas.

É claro que a reconstituição e a substantiva democratização da esfera política são as condições necessárias para uma intervenção sobre o controle sociometabólico do capital, pois seu poder não está, e nunca estará, limitado a estritas funções produtivas. Para controlá-las, o capital deve ser complementado pelo seu próprio modo de controle político. Isso significa que a estrutura material de comando do capital não pode afirmar-se sem a estrutura de comando político global do sistema. Assim, uma alternativa ao controle sociometabólico do capital deve abranger todos os aspectos complementares do processo de reprodução social, desde as funções apenas produtivas e distributivas até as dimensões mais amplas da direção política. Como está no controle *real* de todos os aspectos vitais do sociometabolismo, o capital pode dar-se ao luxo de definir a esfera de legitimação política como questão estritamente *formal*, eliminando desse modo, *a priori*, a possibilidade de sofrer contestação legítima quanto a sua esfera de ação *substantiva*. Ao se dobrar a tais determinações, o trabalho, como *real* antagonista do capital existente, pode apenas condenar-se à permanente impotência, pois a instituição de uma ordem sociometabólica alternativa só será viável pela articulação da *democracia substantiva*, definida como atividade autodeterminada dos produtores associados tanto na política como na produção material e cultural.

É característica singular do sistema do capital que, na sua normalidade, as funções materiais reprodutivas sejam executadas em um compartimento separado, sob uma estrutura de comando substancialmente diferente da ampla estrutura de comando político do capital corporificada no Estado moderno. Essa separação e "disjunção", constituídas ao longo da supremacia histórica do capital dirigida para a autoexpansão do valor de troca, de modo algum são desvantajosas para o próprio sistema. Ao contrário, as personificações econômico/gerenciais do capital podem exercer sua autoridade sobre as unidades reprodutivas particulares, antecipando um *feedback* do mercado a ser convertido no devido tempo em ação corretiva, e o Estado cumpre suas funções complementares, em parte na esfera internacional do mercado mundial (inclusive a garantia dos interesses do capital por meio de guerras, se necessário for), em parte diante de uma força de trabalho de recalcitração potencial ou real. Assim, nos dois casos, o antagonista estrutural do capital é mantido sob firme controle pela compartimentação e pela alienação radical dos produtores do poder de tomar decisões – em todas as esferas – em um sistema ajustado às necessidades da reprodução e da acumulação ampliada do capital.

Em completo contraste, um modo de controle reprodutivo alternativo – socialista – é inimaginável sem que ocorra a superação da disjunção e da alienação existentes. A condição necessária para realizar as funções da reprodução diretamente material de um sistema socialista é a restituição do poder de tomar decisões aos produtores associados – em todas as esferas de atividade e em todos os níveis de coordenação, desde os empreendimentos locais até o mais amplo intercâmbio internacional. O "fenecimento do Estado" não se refere a algo misterioso ou remoto, mas a um processo perfeitamente tangível que precisa ser iniciado ainda no presente. E na transição para a genuína sociedade socialista é necessária a progressiva reaquisição dos poderes alienados de decisão política pelos indivíduos.

Sem essa reaquisição, é inimaginável o novo modo de controle político total da sociedade por seus indivíduos, assim como a operação cotidiana *não contraditória* e, portanto, *coesiva/planejável* das unidades produtivas e distributivas particulares realizada pela autoadministração dos produtores associados.

A reconstituição da unidade das esferas de reprodução material e política é a característica definidora essencial do modo socialista de controle sociometabólico. A criação de suas mediações necessárias não pode ser deixada para um futuro distante, contrariando o que diz a teoria apologética do "nível mais alto do comunismo", pois, se os primeiros passos não forem dados sem mais demora como parte orgânica da estratégia transformadora, eles nunca serão dados. Conservar a dimensão política sob uma autoridade separada, divorciada das funções reprodutivas materiais da força de trabalho significa manter a dependência e a subordinação estrutural do trabalho e, em consequência, impossibilitar a tomada de medidas subsequentes em direção a uma transformação socialista sustentável. Foi nesse sentido, tão revelador quanto fatal, que o sistema soviético, em vez de ativar o poder de decisão autônomo dos produtores, *reforçou* a disjunção entre as funções do Estado e a força de trabalho sob seu controle, *impondo*, sob o pretexto de "planejamento", as ordens de seu aparato político sobre os processos produtivos diretos. Nem mesmo a eternidade poderia transformar em sistema socialista autoadministrado uma ordem sociometabólica aprisionada por determinações estruturais alienadas de maneira tão irremediável.

4.7

Nas circunstâncias do atual "capitalismo avançado", a deterioração das condições da força de trabalho não poderá ser contestada – muito menos poderá ser questionada a dolorosa submissão estrutural do trabalho – sem uma reestruturação fundamental do movimento socialista, para transformar sua atual postura defensiva em outra capaz de uma ação ofensiva. Ou seja, esgotaram-se não apenas o modo tradicional de controle político parlamentar, mas também a acomodação reformista do trabalho.

É importante ter em mente que se o trabalho quiser alcançar alguma coisa nas atuais circunstâncias, uma renovação da forma parlamentar de legislação política é inevitável. Tal renovação só se tornará viável pela criação de um movimento *extraparlamentar* como *força vital condicionante* do próprio Parlamento e da estrutura legislativa de uma sociedade em transição global. Considerando a situação atual, o trabalho, como antagonista do capital, é obrigado a defender seus interesses não com uma, mas com as duas mãos atadas às costas. Uma delas presa pelas forças abertamente hostis ao trabalho e a outra, pelo seu próprio partido reformista e sua liderança sindical, que cumprem a função especial das personificações do capital no interior do próprio movimento do trabalho a serviço da acomodação total, e de fato da capitulação, aos imperativos materiais "realistas" do sistema. O que sobra então na atual articulação limitadora do movimento de massas do trabalho, dar murro em ponta de faca, não pode sequer ser considerado uma arma apenas defensiva; apesar de os porta-vozes do Novo Trabalhismo, em suas "Comissões de Justiça", relacionarem as benfeitorias da "grande e boa" sociedade capitalista e proclamarem que a luta em curso está em total harmonia com os critérios de "imparcialidade" e "justiça". Sob tais condições, cabe ao movimento dos trabalhadores decidir entre resignar-se a tais limites ou dar os passos necessários para desatar as próprias mãos, por mais difícil que seja esta última linha de ação. Hoje, os líderes trabalhistas admitem sem constrangimentos – como Tony Blair no discurso proferido em Derby, por coincidência no dia 1º de abril –, que "o Partido Trabalhista é *o partido do empresariado e das indústrias modernas na Inglaterra*"[24]. Isso representa a fase final da traição total a tudo que foi iniciado pela velha tradição social-democrata. Como podemos ler no *The Times*, de Londres:

> Em sua famosa estratégia de "coquetéis de camarão" nos almoços da City [com o líder anterior, John Smith], o trabalhismo já abordou o empresariado antes. Mas a nova comissão [para "Políticas Públicas e Empresariado Britânico", estruturada pelos trabalhistas segundo o modelo de sua "Comissão de Justiça"], em especial no que diz respeito à sua relação com o partido, é diferente. "A ideia da ofensiva dos 'coquetéis de camarão' era provar que não queríamos brigar", afirma um dos colegas de Blair. "Agora estamos avançando um pouco mais: queremos mostrar que *podemos fazer negócios com o empresariado*."[25]

---

[24] Philip Basset, "Labour shows it means to do business with business", *The Times* (Londres), 7/4/1995. Blair fez essa confissão, de estar na chefia do partido das empresas inglesas, durante uma festa, perante a Conferência Feminina Trabalhista em Derby, em 1º de abril de 1995.

[25] Idem. Como nos informa o artigo de Phillip Bassett, do *Times*, a "Comissão para Políticas Públicas e Empresariado Britânico [inaugurada pelo Partido Trabalhista] incluirá, entre uma pletora de luminares, David Sainsbury, líder de um grupo de supermercados; professor Richard Layard, da London School of Economics, e conselheiro de Yeltsin; e *sir* Christopher Harding, ex-presidente da British Nuclear Fuels e por vinte anos diretor da Hanson, um dos maiores contribuintes do Partido Conservador e mais ativos sustentáculos dos empresários".

A questão é saber se a classe trabalhadora vai aceitar ser tratada como "o bobo" do 1º de abril e por quanto tempo a estratégia de capitulação ao grande empresariado poderá ser seguida depois da próxima vitória eleitoral de Pirro. Além de tudo isso, sabemos que Margaret Thatcher "negociou com Gorbachev", e vice-versa, no mesmo espírito do "não há alternativa" que hoje está sendo advogado de forma militante pelo Novo Trabalhismo na qualidade de "partido do empresariado moderno". Também sabemos o que, no final, ocorreu com Gorbachev e a baronesa Thatcher, bem como com suas glorificadas estratégias.

Na estrutura do sistema parlamentar, a disputa entre capital e trabalho nunca foi, nem poderia ser, "justa e igual". O capital não é em si uma *força parlamentar*, apesar de seus interesses poderem ter representação adequada no Parlamento, como mencionamos antes. O que decide de forma necessária e antecipada contra o trabalho no confronto político com o capital, confinado ao Parlamento, é o inescapável fato de que o capital social total não pode deixar de ser uma *força extraparlamentar par excellence*. É o que acontece quando os representantes da pluralidade de capitais afirmam os interesses de seu sistema como um todo contra o trabalho, e quando acordam entre si, com a ajuda das "regras do jogo parlamentar", os aspectos legais e políticos de suas diferenças particulares.

Com certeza, quando chega a hora de impor as determinações do capital aos governos parlamentares dos trabalhistas, não se pode tolerar a desobediência dos seus primeiros-ministros. Há cerca de dez anos, o senhor Campbell Adamson – um ex-diretor-geral da Confederação da Indústria Britânica – fez uma confissão indiscreta em uma entrevista para a televisão. Contou que havia de fato ameaçado Harold Wilson (então primeiro-ministro trabalhista do governo britânico) com uma *greve geral de investimentos* se não respondesse em favor do ultimato de sua Confederação. Adamson, ingênuo, admitiu que sua ameaça era *inconstitucional* (em suas próprias palavras), acrescentando que "felizmente" não houve necessidade de prosseguir com aquela intenção, já que o "primeiro-ministro concordou com nossas demandas".

Portanto, a própria *constitucionalidade* é um joguete nas mãos dos representantes do capital, para ser utilizada com crueldade e cinismo como um artifício autolegitimador contra o trabalho. As personificações do capital, quando atropelam a "constitucionalidade democrática", não são, obviamente, mandadas para a Torre de Londres – como sem dúvida seriam por um semelhante ultraje ao rei na Alta Idade Média. Pelo contrário, são até elevadas à condição de Cavaleiros ou à Câmara dos Lordes, inclusive pelos governos trabalhistas. Os que pensam ser esta uma "peculiaridade dos ingleses" devem se lembrar do que aconteceu ao presidente – o guardião *ex officio* da Constituição estadunidense – no tão falado caso *Irã-Contras*. O Comitê do Congresso estadunidense que investigava o caso concluiu que a administração Reagan era culpada de "subverter a lei e solapar a Constituição". É claro que esse veredicto, em que pese a gravidade de suas implicações para o "domínio da lei" (jamais levada em consideração por tipos como os Hayeks), não teve a menor consequência para o "presidente Teflon", nem resultou na introdução das necessárias salvaguardas constitucionais para prevenir violações similares da Constituição estadunidense no futuro.

Quando se trata de representantes políticos do trabalho, a questão não se resume a simples casos de fracasso pessoal ou de sucumbência às tentações das gratificações oferecidas às suas posições privilegiadas. É muito mais grave do que isso. O problema é que, como chefes ou ministros de governo, supõe-se que eles deveriam ser capazes de controlar politicamente o sistema, mas nada fazem de semelhante, pois operam no interior da esfera política, predeterminada *a priori* a favor do capital pelas existentes estruturas de poder do seu modo de reprodução sociometabólico. Sem promover desafio radical ou expulsão substancial das estruturas arraigadas do modo de controle sociometabólico do capital, a *capitulação* ao poder deste é apenas uma questão de tempo, em geral em uma velocidade que quase supera a da luz. Podemos pensar em Ramsay MacDonald, Bettino Craxi, Felipe González, François Mitterrand – ou mesmo em Nelson Mandela, o prisioneiro que se converteu no novo defensor da indústria bélica da África do Sul[26] –, mas a história sempre deprime. Muitas vezes a esperança de um "papel realista e responsável", que se supõe apropriado aos futuros ocupantes de cargos nos altos escalões ministeriais, já é suficiente para produzir as mais inesperadas surpresas. Aneurin Bevan, o então ídolo da ala esquerda do Partido Trabalhista e o mais firme oponente à corrida nuclear na

---

[26] "O presidente Mandela deu ontem um importante impulso à multimilionária e crescente indústria de armamentos da África do Sul oferecendo-lhe sua bênção pessoal, pela primeira vez pública. [...] O endosso público foi bem recebido pelos fabricantes de armas da África do Sul, que acreditam que esse apoio os ajudará a assegurar transações futuras. Abba Omar, falando em nome da Armscor, a agência bélica estatal, disse: 'O presidente deu seu apoio, pela primeira vez inequívoco, à indústria de armamentos. Não é exagero dizer o quanto seu selo de aprovação nos é importante'." Inigo Gilmore, "Mandela applauds South Africa's rising arms trade", *The Times* (Londres), 23/11/1994.

Inglaterra, não hesitou em se despojar dos seus princípios socialistas e insultar seus ex-camaradas da ala esquerda durante a conferência anual para a elaboração da política do partido, com a desculpa de que dele, como secretário do Exterior de um futuro governo trabalhista, não se deveria esperar "que entrasse nu no fórum de negociação internacional e assim se sentasse à mesa de conferência para defender os interesses do país", isto é, a posição privilegiada do imperialismo britânico como membro do exclusivo "clube nuclear".

A classe trabalhadora foi um "apêndice tardio" ao sistema parlamentar burguês e sempre foi tratada por ele como tal depois de entrar em seus corredores, pois nunca pôde se comparar, mesmo que de forma remota, com o poder do capital como o fundamento efetivo do sistema político parlamentar. Ainda que as regras formais e os custos materiais para entrar no Parlamento pudessem se tornar equitativos – o que, claro, é impossível diante da monstruosa desigualdade de riqueza entre as classes, assim como perante as vantagens ideológicas e educacionais gozadas pelas classes dominantes na condição de detentoras do controle material e cultural da "ideologia dominante" –, a situação não seria de fato alterada. A questão fundamental diz respeito à relação entre a estrutura política parlamentar e o modo de reprodução sociometabólico existente sob total domínio do capital.

Por outro lado, a disjunção entre economia e política, essencial ao desenvolvimento histórico do sistema do capital, apresentou ao movimento dos trabalhadores um desafio enorme, ainda não enfrentado. O fracasso da esquerda histórica associa-se de forma inextricável a essa circunstância, já que a articulação defensiva do movimento socialista tanto foi *reflexo* direto de tal disjunção como *se acomodou* a ela.

Apesar de a fatal aceitação de tais determinações estruturais não ter sido voluntária, muito menos de bom grado, mas uma *acomodação imposta*, isso não altera o fato de o trabalho ter caído na armadilha da margem estreita ao extremo para uma ação emancipatória no interior da estrutura dada. Essa acomodação foi imposta ao trabalho como *precondição necessária* à autorização para entrar na esfera parlamentar da "emancipação política" e ter acesso às limitadas melhorias materiais reformistas, depois de as forças de origens extraparlamentares de oposição radical terem aderido a tal via. O espaço para esse tipo de articulação reformista do movimento de massas do trabalho foi aberto "no pequeno canto do mundo europeu" com sua *hinterland* global e imperialista, pela fase de expansão dinâmica – portanto, capaz de "permissividade" – do desenvolvimento do capital, na segunda metade do século XIX, levando quase um século para esgotar-se.

A separação paralisante entre o "braço político" e o "braço *industrial*" do trabalho mencionada foi complemento apropriado e apoio a esse tipo de desenvolvimento, na medida em que ofereceu, de modo muito discriminatório, algumas limitadas vantagens materiais às classes trabalhadoras de alguns países privilegiados à custa da superexploração das massas do restante do mundo. A projeção de que uma *mudança estrutural radical* – o socialismo alcançado por mudanças graduais – surgiria da *aceitação* inquestionável dos *incorrigíveis limites estruturais do sistema* foi, desde o começo, apenas uma ilusão, ainda que a princípio alguns políticos reformistas e dirigentes sindicais acreditassem de fato nela. Foi, sem dúvida, um fato histórico contingente que o movimento socialista, depois de origens diferentes, aceitasse a separação entre seu "braço político" e o "corpo sindical" que lhe possibilitou operar no interior da estrutura parlamentar criada pelas personificações do capital para defender e administrar os interesses do sistema do capital. Contudo, a vitória da estratégia reformista dentro do movimento socialista não foi de modo algum acidental ou consequência de aberrações pessoais contingentes nem de traições burocráticas. Foi, sim, o coroamento necessário da adaptação do movimento à estrutura política parlamentar preestabelecida e de sua acomodação à disjunção estrutural peculiar entre as características políticas e econômicas do sistema do capital.

O sucesso da ofensiva socialista é inconcebível sem a recusa radical de tais determinações estruturais da ordem estabelecida e sem a reconstrução do movimento do trabalho em sua integridade, não apenas com seus "braços", mas também com a plena consciência de seus objetivos transformadores como alternativa estratégica necessária e viável ao sistema do capital.

4.8
O problema insolúvel da estrutura das instituições políticas atuais é a desigualdade fundamental entre capital e trabalho existente nas relações materiais de poder do conjunto da sociedade, que se afirma enquanto não se altera radicalmente o modo atual de reprodução metabólica. Nesse sentido, é importante citar uma passagem dos *Manuscritos econômicos de 1861-4* de Marx:

> O trabalho produtivo – como produtor de valor – sempre enfrenta o capital como trabalho de trabalhadores *isolados*, seja qual for a combinação com que esses trabalhadores

entram no processo de produção. Assim, enquanto o capital representa o poder produtivo social do trabalho para os trabalhadores, o trabalho produtivo sempre representa para o capital apenas o trabalhador *isolado*.[27]

Se amanhã, por um milagre, os parlamentos aprovassem por unanimidade uma lei determinando, por exemplo, que a partir de depois de amanhã o poder social do trabalho produtivo fosse reconhecido pelo capital e que o trabalho produtivo não devesse ser mais representado *vis-à-vis* ao capital como trabalho de trabalhadores isolados, o mundo não perceberia qualquer diferença. Nem poderia perceber, pois o capital, tal como é sua constituição material – por meio do trabalho alienado e acumulado –, representa, *de fato* e *de forma objetiva*, o poder socioprodutivo do trabalho. É essa relação objetiva de dominação estrutural que encontra sua corporificação adequada também nas instituições políticas do sistema do capital. E é essa ainda a razão pela qual a pluralidade do capital pode ter representação adequada na estrutura da política parlamentar, enquanto o trabalho não. As relações de poder material existentes – iníquas de maneira incorrigível – tornam a "representação" do trabalho *vazia* (como representação parlamentar *apenas política* da classe *materialmente subordinada* do trabalho) ou *autocontraditória* (em termos tanto da representação eleitoral do trabalhador *isolado*, como da "participação democrática" do *antagonista estrutural* radical do capital, que, apesar de tudo, mostra alegre predisposição a aceitar as migalhas das acomodações marginais reformistas). Nenhuma reforma política nos

---

[27] Karl Marx, "Economic Manuscripts of 1861-64", em *Marx/Engels Collected Works* (MECW), vol. 34, p. 460. Grifos de Marx.

parâmetros do sistema existente permitiria sonhar com a alteração dessas relações de poder material.

O que torna as coisas ainda piores para os que buscam mudanças significativas no interior dos limites do sistema político estabelecido é que este pode reivindicar, a seu favor, genuína legitimidade constitucional para seu atual modo de funcionamento, com base na *inversão*, constituída por processo histórico, do atual estado de coisas. Ou seja, enquanto o capitalista não for apenas a "personificação do capital", mas também "a personificação do caráter *social* do trabalho, do *lugar de trabalho total* em si"[28], o sistema pode alegar que representa o poder produtivo, de necessidade vital para a sociedade *vis-à-vis* aos indivíduos, incorporando os interesses de todos e sendo, portanto, a base de continuidade de suas existências. Dessa forma, o capital afirma-se diante da sociedade não apenas como poder *de facto*, mas também como poder *de jure*, já que ele se apresenta como condição necessária e objetiva da reprodução societária e, portanto, como o fundamento constitucional de sua própria ordem política. A legitimidade constitucional do capital é historicamente baseada na expropriação direta dos produtores das condições de reprodução sociometabólica – os instrumentos e materiais do trabalho –, portanto, a alegada "constitucionalidade" do capital (como a origem de todas as constituições) é inconstitucional; mas essa verdade intragável perde-se nas brumas do passado remoto. Historicamente, os "*poderes socioprodutivos* do trabalho, ou os *poderes produtivos do trabalho social*, primeiro se desenvolveram como o modo de produção específico do capitalismo, por isso aparecem como algo imanente à relação-capital e dela

---

[28] Ibidem, p. 457. Grifos de Marx.

inseparável"²⁹. O modo de reprodução sociometabólico do capital *legitima-se e eterniza-se* como sistema legalmente inquestionável. Só se aceita como legítimo o questionamento de aspectos menores de uma estrutura global inalterável. Desaparece a verdadeira questão que habita o plano da reprodução socioeconômica – o poder produtivo do trabalho de fato exercido e sua necessidade absoluta para assegurar a reprodução do próprio capital. Isso acontece, em parte, em razão da ignorância da origem histórica não legitimável da acumulação primitiva do capital e à concomitante e em geral violenta expropriação da propriedade como precondição do modo atual de funcionamento do sistema, e, em parte, por causa da natureza mistificadora das relações produtivas estabelecidas. Ou seja,

> as *condições objetivas do trabalho* não aparecem como subsumidas ao trabalhador, em vez disso, é ele que aparece subsumido àquelas. O capital EMPREGA o trabalho. Mesmo na sua simplicidade, essa relação é uma personificação de coisas e uma reificação de pessoas.³⁰

Nada disso pode ser contestado e solucionado no âmbito de uma reforma política parlamentar. Nem mesmo nas circunstâncias mais favoráveis, como, em 1945, a avalanche de votos a favor do Partido Trabalhista Britânico. Tal avalanche, no entanto, foi precedida pelo reflorescimento da crítica do sistema em razão dos sacrifícios impostos às massas populares durante os longos anos de depressão entreguerras e da guerra subsequente. Seria absurdo esperar a abolição, por decreto político, da "personificação de coisas

---

[29] Ibidem, p. 456. Grifos de Marx.
[30] Ibidem, p. 457. Grifos de Marx.

e reificação de pessoas", assim como seria absurdo esperar a proclamação de tal reforma nos limites das instituições políticas do capital. O sistema não pode funcionar sem a perversa inversão das relações entre pessoas e coisas: o poder reificado e alienado do capital que domina as massas. Da mesma forma, seria um milagre se os trabalhadores, que no processo de trabalho confrontam o capital como "trabalhadores isolados", pudessem reaver o controle dos poderes socioprodutivos do seu trabalho por meio de algum decreto político, ou mesmo por uma longa série de reformas parlamentares decretadas sob a ordem sociometabólica de controle do capital. Em tais questões, não há como evitar o conflito inconciliável em torno de objetivos materiais "mutuamente *excludentes*".

O capital não pode abdicar de seus – usurpados – poderes socioprodutivos em favor do trabalho, nem pode *compartilhá-los* com ele, na medida em que eles constituem o poder global de controle da reprodução societária sob a forma da "dominação da riqueza sobre a sociedade". Por isso, é impossível escapar, sob o domínio do sociometabolismo fundamental, à severa lógica dos interesses "mutuamente excludentes". Ou a riqueza, sob a forma do capital, continua a comandar a sociedade humana, levando-a aos limites da autodestruição, ou a sociedade de produtores associados aprende a comandar a riqueza alienada e reificada usando os poderes produtivos resultantes do trabalho social autodeterminado de seus membros individuais. O capital é a *força extraparlamentar par excellence*, cujo poder de controle sociometabólico não pode ser limitado por vias políticas. Essa é a razão pela qual a única forma de representação política compatível com o modo de funcionamento do capital é aquela que *de fato nega* a possibilidade de contestar seu *poder material*. E é por ser a força extraparlamentar *par excellence*, que o capital nada tem a temer das reformas decretadas no interior da estrutura política parlamentar. A questão vital, da qual tudo depende, é que "as *condições objetivas do trabalho* não aparecem como subsumidas ao trabalhador", mas, ao contrário, "este aparece subsumido àquelas", e por isso mesmo nenhuma mudança significativa é viável sem que se volte a essa questão, tanto por meio de políticas capazes de desafiar o poder e os modos de ação extraparlamentar do capital como na esfera da reprodução material. Portanto, o único desafio que poderia, de modo sustentável, afetar o poder do capital seria aquele que assumisse as funções produtivas decisivas do sistema e ao mesmo tempo adquirisse o controle sobre todas as esferas correspondentes de tomada de decisão política, em vez de ser limitado pelo confinamento circular da ação política legítima à legislação parlamentar.

Evidentemente, a castração da política socialista é perfeitamente compatível com as relações de poder do capital e com seu único modo viável de operação, *em todas as suas formas*. Já que "as condições objetivas do trabalho não aparecem como subsumidas ao trabalhador" – muito pelo contrário –, este, como trabalhador isolado no processo de trabalho, pode ser considerado de maneira legítima como tal em outras importantes esferas do processo de reprodução e distribuição social. Na esfera política, a ação legítima dele ou dela como eleitores (isolados) envolve decisões tomadas de forma isolada na privacidade da cabine de votação. Na esfera material do "consumo produtivo", da maior importância, que completa o ciclo da reprodução ampliada do capital, eles podem de novo surgir como "consumidores soberanos" – estritamente individuais e isolados – que não mantêm qualquer relação com a sua classe. Ao contrário, agem desta vez consultando, não sua *consciência moral e política* na inviolabilidade da cabine eleitoral, como o fizeram na condição de "eleitores soberanos", mas sua "consciência racional" (ou "faculdade racional") para calcular e maximizar as "utilidades marginais privadas". O sistema pós-capitalista de tipo soviético manteve essa mesma relação, apesar da abolição da forma do capitalista privado como personificação do capital. O trabalhador permaneceu subsumido às condições objetivas do trabalho, ao controle autoritário do Estado gerido pelas personificações pós-capitalistas do capital. Na qualidade de trabalhadores isolados, que sob nenhuma circunstância poderiam organizar a si próprios *vis-à-vis* à autoridade controladora do processo de trabalho, poderiam ser premiados como indivíduos "stakhanovistas" exemplares (a serem emulados por outros) ou punidos e enviados aos milhares para os campos de trabalho como "sabotadores criminosos" e "agentes inimigos". Contudo, o trabalho em si não poderia adquirir legitimidade como agente coletivo do processo de trabalho, muito menos assumir o controle da reprodução sociometabólica como um todo. Embora, sob o planejamento autoritário, a ideia do "consumidor soberano" não pudesse ser mantida, a questão do consumo também era regulada em uma base individual profundamente discriminatória – mesmo no caso dos "stakhanovistas" e "trabalhadores exemplares". Foi mantida inclusive a ficção do "voto secreto", pela qual os "indivíduos socialistas" deveriam consultar sua "consciência moral e política" na privacidade da cabine de votação e chegar às esperadas respostas unânimes que legitimavam o estado de coisas. Tudo isso de modo algum é surpreendente, pois diferenças substantivas nas esferas da política e do "consumo produtivo" só seriam viáveis caso se alterasse radicalmente o princípio estrutural do sistema do capital, que deve manter os trabalhadores – de um modo ou de outro – subsumidos às condições objetivas de seu próprio trabalho. O poder extraparlamentar do capital só pode ser enfrentado pela força e pelo modo de ação extraparlamentares do trabalho. Isso é ainda mais importante se levarmos em conta a completa desintegração do reformismo parlamentar do movimento do trabalho, proclamado e seguido no passado com o fito de fornecer o trabalho ao capital sob a forma de substância eleitoral fragmentada. Rosa Luxemburgo profetizou há muito tempo que

> o sistema parlamentar é o viveiro de todas as atuais tendências oportunistas da social-democracia ocidental. [...] fornece fundamento às ilusões do oportunismo atual, como a valoração exagerada das reformas sociais, a colaboração entre partidos e classes, a esperança de um desenvolvimento pacífico para o socialismo etc. Com o crescimento do movimento do trabalho, o sitema parlamentar transformou-se na mola propulsora dos carreiristas políticos. É por isso que tantos ambiciosos fracassados da burguesia afluem para os estandartes dos partidos socialistas [...]. [O objetivo é] *dissolver* o setor de classe ativo e consciente do proletariado na *massa amorfa de um "eleitorado"*.[31]

A dissolução, considerada por Rosa Luxemburgo uma ameaça, foi completada em nossos dias, por meio da noção

---

[31] Rosa Luxemburgo, "Organizational Questions of the Russian Social Democracy", publicado sob o título "Leninism or Marxism?", em *The Russian Revolution and Leninism or Marxism?* (Ann Arbor, The University of Michigan Press, 1970), p. 98. [Ed. bras.: "Questões de organização da social-democracia russa" em *A Revolução Russa*, Petrópolis, Vozes, 1991.]

de "eleitorado amorfo" como seu fundamento ideológico legitimador. Por esse processo, não apenas a social-democracia ocidental, sem dúvida reformista, mas também os afiliados antes revolucionários da Terceira Internacional, transformaram a si próprios em partidos liberais burgueses, consumando a capitulação do "braço político" do trabalho aos imperativos "racionais" e "realistas" do capital. Tudo isso veio a ocorrer de um modo muito mais fácil do que antes se poderia imaginar, pois o processo de dissolução das estratégias defensivas do trabalho foi de fato auxiliado e sustentado pelas relações de poder material do sistema do capital, que, no processo de produção e consumo, pode apenas reconhecer o trabalhador e o consumidor isolado e, na esfera política, o eleitor equivalente ao trabalhador impotente. Essa é a razão pela qual a política "representativa" – em vez de efetivar a prometida "via italiana para o socialismo" – teve de, no final, se degradar em todas as suas partes até o nível do exercício de relações públicas comuns, excretando de suas entranhas e catapultando para o ápice da política parlamentar criaturas "representativas", como o magnata da mídia Silvio Berlusconi, bem no país do, outrora, Partido Comunista de Gramsci.

Evidentemente, nos países de "capitalismo avançado", contra o pano de fundo do clamoroso malogro histórico do reformismo e da política representativa em geral, qualquer mudança é impensável sem a reconstituição radical do movimento do trabalho – em sua integridade e em escala internacional – como força extraparlamentar. A separação autodestrutiva entre o "braço político" e o "braço *industrial*" do trabalho comprova a cada dia nada mais ser do que um anacronismo histórico irremediável. Isso ocorre em razão não apenas de seu óbvio fracasso na arena política ao longo de todo o século, mas também de sua incapacidade de atrair os milhões de "pessoas supérfluas" *desempregadas*, expulsas do processo de trabalho pelos imperativos desumanizadores do "capital produtivo" a uma velocidade alarmante. Ao definir suas estratégias como movimento político organizado, a força de trabalho ainda empregada não pode se dar ao luxo de desconsiderar por mais tempo as aflições profundas – assim como a grande força potencial – desses incontáveis milhões, mesmo porque amanhã o mesmo destino deve atingir crescentes parcelas da força de trabalho ainda empregada. Dado o papel facilitador e servil da política a favor do modo de controle sociometabólico do capital – ideologicamente racionalizado e justificado por *slogans* do tipo "aumento da produtividade", "vantagem competitiva", "disciplina de mercado", "globalização", "eficiência de custos", enfrentar o desafio dos "cinco pequenos tigres" ou qualquer outro –, muito pouco se pode esperar das instituições parlamentares como estão hoje articuladas. Só uma intervenção radical na "economia" perdulária do processo reprodutivo material da ordem estabelecida pode retificar com sucesso a impotência do trabalho, desde que ela consiga afirmar-se contra os fatores mais desfavoráveis hoje dominantes pela ação articulada de um maciço movimento extraparlamentar. É isso que põe em relevo a atualidade histórica da ofensiva socialista.

Devemos enfatizar mais uma vez que, como mencionei na seção 1.1, a atualidade histórica da ofensiva socialista – dada a exaustão das concessões interesseiras que o capital podia fazer no passado a um movimento do trabalho articulado de forma defensiva – não significa que o sucesso esteja assegurado nem que sua realização esteja próxima. *Histórica*, aqui, significa, por um lado, que a necessidade de instituir algumas mudanças fundamentais na organização e orientação do movimento socialista se apresentou na agenda histórica e, por outro, que o processo em questão se desdobra sob a pressão de determinações históricas poderosas, empurrando a função social do trabalho na direção de uma ofensiva estratégica prolongada, caso queira realizar não apenas seus objetivos em potencial globais, mas também seus objetivos mais limitados. O percurso à frente é provavelmente muito árduo e, sem dúvida, não tem atalhos nem pode ser evitado.

As *mediações* históricas necessárias, vistas como passos viáveis para a realização da ordem sociometabólica alternativa do trabalho, são inerentes tanto à perseguição do objetivo – uma intervenção radical, não confinada à esfera política, que constitua contestação direta das estruturas materiais da própria relação-capital que subsume o trabalho às condições reificadas e alienadas de seu exercício, condenando o sujeito do processo de produção à total impotência dos trabalhadores isolados – como à forma de ação de essência extraparlamentar pela qual esse objetivo pode ser traduzido de maneira progressiva em realidade. Pois, dada a própria natureza desse empreendimento, para haver qualquer chance de sucesso, é necessário enfrentar e superar já nos *primeiros passos* – ainda que no início apenas em contextos limitados – a perniciosa disjunção entre economia e política, que serve apenas ao modo sociometabólico de controle do capital, assim como a separação entre os seus braços "político" e "*industrial*", que por si própria derrota o trabalho, como se comprovou com dolorosa contundência nos últimos cem anos.

Devemos também salientar que a negação prática de fato efetiva das estruturas reprodutivas dominantes por meio de ação e organização extraparlamentares não implica ausência de leis nem mesmo rejeição apriorística do próprio Parlamento. Envolve, contudo, a contestação sustentada de forma organizacional dos limites cerceadores favoráveis ao capital, que as *tendenciosas* "regras do jogo" parlamentar impõem ao trabalho. Sem dúvida, mesmo em uma genuína sociedade socialista do futuro, não se pode ignorar a questão da legislação nem agir como se fosse inexistente. O que decidirá a questão será a relação entre os produtores associados e as regras que eles definirão para si próprios graças a formas apropriadas de tomada de decisão. Com certeza, Marx estava convencido de que, em uma sociedade socialista desenvolvida, muitas das inevitáveis exigências de regulamentação exigidas poderiam ser atendidas por meio dos *costumes* e *tradições* estabelecidos pelas decisões autônomas e inter-relações espontâneas dos indivíduos que vivem e trabalham em uma estrutura de sociedade não concorrencial. Sem isso, é inconcebível a supressão da política como esfera alienada, tornando impensável também o "fenecimento do Estado". Porém, também é claro que, para o futuro previsível, muitas das exigências de regulamentação geral devem permanecer associadas a procedimentos legislativos formais. Por isso, "a sabedoria parlamentar de iludir os outros e iludir-se ao iludi-los" deve ser considerada "tanto pior" e não "tanto melhor".

Assim, o papel do movimento extraparlamentar do trabalho é duplo. Em vez de ajudar a reestabilizar o capital em crise, como ocorreu em situações importantes do passado reformista, ele deve, por um lado, fazer valer seus interesses estratégicos como alternativa sociometabólica por meio do confronto e da necessária negação, em termos práticos, das determinações estruturais da ordem estabelecida que se manifestam na relação-capital e na concomitante subordinação do trabalho no processo socioeconômico de reprodução material. Por outro lado, o poder político do capital dominante no Parlamento precisa e deve ser contestado por meio da pressão que as formas de ação extraparlamentar podem exercer sobre o Legislativo e o Executivo, como testemunhamos no impacto causado pelo movimento de "uma única questão" contra a taxação por cabeça, que desempenhou papel decisivo na queda de Margaret Thatcher do topo da pirâmide política. Sem a contestação extraparlamentar orientada e sustentada por estratégias, os partidos que se alternam no governo podem continuar a se oferecer *álibis* recíprocos para o fracasso estrutural do sistema em relação ao trabalho, determinando o confinamento efetivo do movimento do trabalho ao papel de *apêndice* inconveniente, e *marginalizado*, no sistema parlamentar do capital. Assim, em relação tanto ao domínio reprodutivo material como ao político, a constituição de um movimento socialista extraparlamentar de *massas* com estratégias viáveis – em conjunção com as formas tradicionais de organização política do trabalho, hoje extremamente sem rumo e necessitadas do *apoio* e *pressão radicalizantes* de tais forças extraparlamentares – é uma precondição vital para a contraposição ao maciço poder extraparlamentar do capital.

REFERÊNCIAS BIBLIOGRÁFICAS

BOBBIO, Norberto. *Política e cultura*. Torino, Einaudi, 1955.

_____. *De Hobbes a Marx*. Napoli, Morano, 1965.

_____. *Qual socialismo?* Discussão de uma alternativa. 3. ed. São Paulo, Paz e Terra, 1987.

_____. Nuevas fronteras de la izquierda. *Leviatán*. Madri, n. 47, 1992.

_____. *Ensaio sobre ciência política na Itália*. Brasília, UnB, 2002.

_____. *Da estrutura à função*: novos estudos de teoria do direito. São Paulo, Manole, 2006.

_____. *O futuro da democracia*. 11. ed. São Paulo, Paz e Terra, 2009.

CHOMSKY, Noam. The responsability of intellectuals. In: ROSZAK, Theodore. *The dissenting academy*. Nova York, Random House, 1967.

DAVIDSON, James Dale; REES-MOGG, William. *Blood in the streets*: investment profits in a world gone mad. Londres, Sidgwick & Jackson, 1988.

FRÍAS, Hugo Chávez. *Pueblo, sufragio y democracia*. Caracas, MBR-200, 1993.

HEGEL, G. W. F. *The philosophy of history*. Nova York, Dover Publications, 1956. [Ed. bras.: *Filosofia da história*, 2. ed., Brasília, UnB, 1999.]

_____. *The philosophy of right*. Oxford, Clarendon Press, 1942. [Ed. bras.: *Princípios da filosofia do direito*. 2. ed., São Paulo, Martins Fontes, 2003.]

LENIN, Vladimir Ilianov. On the slogan for a United States of Europe. In: *Collected works*. Moscou, Progress Publishers, 1974, v. 21. [Disponível em: <http://www.marxists.org/archive/lenin/works/1915/aug/23.htm>. Ed. bras.: *Obras escolhidas em três volumes*. 3. ed. São Paulo, Alfa-Omega, 1986.]

_____. (6/12/1920). Speech delivered at a meeting of activists of the Moscow Organization of the RCP(B). In: *Collected works*. Moscou, Progress Publishers, 1974, v. 21.

LUKÁCS, Georg. (1919). Tactics and ethics. In: *Political writings, 1919-1929*. Londres, NLB, 1972.

LUXEMBURGO, Rosa. Leninism or Marxism?. In: *The Russian Revolution and Leninism or Marxism*. Ann Arbor, The University of Michigan Press, 1970. [Ed. bras.: Questões de organização da social-democracia russa. In: *A Revolução Russa*. Petrópolis, Vozes, 1991.]

MARX, Karl. *The poverty of philosophy*. Londres, Lawrence & Wishart, 1936. [Ed. bras.: *A miséria da filosofia*. Tradução de José Paulo Netto. São Paulo, Global, 1985, Coleção bases 46.]

_____. The so-called primitive accumulation. In: *Capital*. Moscou, Foreign Languages Publishing House, 1958, v. 1, parte VIII. [Ed. bras.: *O capital*, Rio de Janeiro, Civilização Brasileira, 2008.]

_____. *Grundrisse*: foundations of the critique of political economy. Tradução de Martin Nicolaus. Londres, Penguin, 1973. [Disponível em: <http://www.marxists.org/archive/marx/works/1857/grundrisse/ch08.htm#p402>.]

_____. *Manuscritos econômico-filosóficos*. Tradução de Jesus Ranieri. São Paulo, Boitempo, 2004.

MARX, Karl; ENGELS, Friedrich. *Marx/Engels werke*. Berlim, Karl Dietz, 1956-1989.

_____; _____. *Marx/Engels collected works*. Londres, Lawrence & Wishart, 1975-1998.

MÉSZÁROS, István. *Para além do capital*: rumo a uma teoria da transição. São Paulo, Boitempo, 2002.

ROUSSEAU, Jean-Jacques. *The social contract*. Londres, Everyman, 1993. [Ed. bras.: *O contrato social*. São Paulo, Abril Cultural, 1978.]

SMITH, Adam. *The wealth of nations*. Edimburgo, J. R. McCulloch, Adam and Charles Black, 1863. [Ed. bras.: *A riqueza das nações*. São Paulo, WMF Martins Fontes, 2003, 2 v., Coleção Paideia.]

ÍNDICE ONOMÁSTICO

Adamson, Campbell, 180-1
Arbor, Ann, 21, 192, 200
Basset, Philip, 12, 179
Berlusconi, Silvio, 193
Bernstein, Eduard, 18
Bevan, Aneurin, 182
Blair, Tony, 11-2, 15, 126-7, 145, 179
Bobbio, Norberto, 140-3
Brandt, Willy, 97, 108
Bush, George W., 13
Caldera, Rafael, 137
Chávez Frías, Hugo, 137-9
Chomsky, Noam, 171
Churchill, Winston, 86, 153
Clinton, Bill, 13
Craxi, Bettino, 182
Davidson, James Dale, 161

Denman, Roy, 110, 111
Engels, Friedrich, 99-100, 105, 144-5, 167
Foot, Michael, 160
Gilmore, Inigo, 182
González, Felipe, 182
Gorbachev, Mikhail, 19, 57, 180
Gramsci, Antonio, 19, 193
Haig, Alexander, 97
Harding, Christopher, 179
Hattersley, Roy, 126-7
Heath, Edward, 97, 108
Hegel, Georg Wilhelm Friedrich, 32-3, 128
Hussein, Saddam, 15
József, Attila, 133
Keller, Peter, 145

Keynes, John Maynard, 13, 112, 122, 159
Kinnock, Neil, 160
Layard, Richard, 179
Lenin, Vladimir Ilianov, 19-20, 29, 59, 62, 67, 145
Liebknecht, Wilhelm, 99
Lozano, Gabriel Vargas, 142
Lukács, Georg, 103
Luxemburgo, Rosa, 20-1, 192
MacDonald, Ramsay, 182
Macmillan, Harold, 159-60
Mandela, Nelson, 182
Marx, Karl, 20, 22, 31, 36-8, 42, 45, 56, 59-61, 65-6, 68, 73-4, 77-8, 85, 99-103, 107, 109, 111, 117-8, 131, 164, 141, 144-6, 167, 170, 185-8, 196
Mill, John Stuart, 106
Mitterrand, François, 182

Omar, Abba, 182
Rees-Mogg, William, 161
Roosevelt, Franklin D., 86-7, 95
Roszak, Theodore, 171
Rothschild, Nathan, 161
Rousseau, Jean-Jacques, 22-4, 134-7
Sainsbury, David, 179
Schmidt, Helmut, 108
Smith, Adam, 27-9
Smith, John, 179
Stalin, Joseph, 30, 58-9, 75
Taylor, Robert, 132
Thatcher, Margaret, 12, 131, 153, 159-60, 180, 197
Varennikov, Valentin, 57
Weber, Marx, 155
Wilson, Harold, 18, 129, 147, 181
Yeltsin, Boris, 179

SOBRE O AUTOR

István Mészáros nasceu em Budapeste, Hungria, em 1930. Graduou-se em Filosofia na Universidade de Budapeste, onde foi assistente de György Lukács no Instituto de Estética. Deixou a Hungria após o levante de outubro de 1956 e exilou-se na Itália, onde trabalhou na Universidade de Turim; posteriormente ministrou aulas nas universidades de Londres (Inglaterra), St. Andrews (Escócia) e Sussex (Inglaterra), além de na Universidade Nacional Autônoma do México e na Universidade York (Canadá). Em 1977, retornou à Universidade de Sussex, onde recebeu, catorze anos depois, o título de Professor Emérito de Filosofia. Permaneceu nessa universidade até 1995, quando se afastou das atividades docentes. É reconhecido como um dos principais intelectuais marxistas contemporâneos. Faleceu em outubro de 2017.

A seguir, uma lista de suas principais obras:

Szatira és valóság. Budapeste, Szépirodalmi Könyvkiadó, 1955.
La rivolta degli intellettuali in Ungheria. Turim, Einaudi, 1958.
Attila József e l'arte moderna. Milão, Lerici, 1964.
Marx's Theory of Alienation. Londres, Merlin, 1970. [Ed. bras.: *A teoria da alienação em Marx*. Trad. Nélio Schneider. São Paulo, Boitempo, 2016.]
Aspects of History and Class Consciousness. Londres, Routledge & Kegan Paul, 1971.
The Necessity of Social Control. Londres, Merlin, 1971.

Lukács' Concept of Dialectic. Londres, Merlin, 1972. [Ed. bras.: *O conceito de dialética em Lukács.* Trad. Rogério Bettoni. São Paulo, Boitempo, 2013.]

Neocolonial Identity and Counter-Consciousness. Londres, Merlin, 1978.

The Work of Sartre: Search for Freedom and the Challenge of History. Brighton, HarvesterWheatsheaf, 1979. [Ed. bras.: *A obra de Sartre: busca da liberdade e desafio da história.* Trad. Rogério Bettoni. São Paulo, Boitempo, 2012.]

Philosophy, Ideology and Social Science. Brighton, HarvesterWheatsheaf, 1986. [Ed. bras.: *Filosofia, ideologia e ciência social.* Trad. Ester Vaisman. São Paulo, Boitempo, 2008.]

The Power of Ideology. Brighton, HarvesterWheatsheaf, 1989. [Ed. bras.: *O poder da ideologia.* Trad. Magda Lopes e Paulo Cézar Castanheira. São Paulo, Boitempo, 2004.]

Beyond Capital: Towards a Theory of Transition. Londres, Merlin, 1995. [Ed. bras.: *Para além do capital: rumo a uma teoria da transição.* Trad. Paulo Cézar Castanheira e Sérgio Lessa. São Paulo, Boitempo, 2002.]

Socialism or Barbarism: from the "American Century" to the Crossroads. Nova York, Monthly Review, 2001. [Ed. bras.: *O século XXI: socialismo ou barbárie?.* Trad. Paulo Cézar Castanheira. São Paulo, Boitempo, 2003.]

A educação para além do capital. Trad. Isa Tavares. São Paulo, Boitempo, 2005.

O desafio e o fardo do tempo histórico: o socialismo no século XXI. Trad. Ana Cotrim e Vera Cotrim. São Paulo, Boitempo, 2007.

A crise estrutural do capital. Trad. Francisco Raul Cornejo. São Paulo, Boitempo, 2009.

Social Structure and Forms of Consciousness, v. I. *The Social Determination of Method.* Nova York, Monthly Review, 2010. [Ed. bras.: *Estrutura social e formas de consciência,* v. I. *A determinação social do método.* Trad. Luciana Pudenzi e Paulo César Castanheira. São Paulo, Boitempo, 2009.]

Historical Actuality of the Socialist Offensive: Alternative to Parliamentarism. Londres, Bookmark, 2010. [Ed. bras.: *Atualidade histórica da ofensiva socialista: uma alternativa radical ao sistema parlamentar.* Trad. Maria Orlanda Pinassi e Paulo Cézar Castanheira. São Paulo, Boitempo, 2010.]

Social Structure and Forms of Consciousness, v. II. *The Dialectic of Structure and History.* Nova York, Monthly Review, 2011. [Ed. bras.: *Estrutura social e formas de consciência,* v. II. *A dialética da estrutura e da história.* Trad. Caio Antunes e Rogério Bettoni. São Paulo, Boitempo, 2011.]

The Necessity of Social Control: enlarged edition. Nova York, Monthly Review, 2014.

A montanha que devemos conquistar: reflexões acerca do Estado. Trad. Maria Izabel Lagoa. São Paulo, Boitempo, 2015.

COLEÇÃO
Mundo do Trabalho
Coordenação **Ricardo Antunes**

ALÉM DA FÁBRICA
Marco Aurélio Santana e José Ricardo Ramalho (orgs.)

O ARDIL DA FLEXIBILIDADE
Sadi Dal Rosso

ATUALIDADE HISTÓRICA DA OFENSIVA SOCIALISTA
István Mészáros

A CÂMARA ESCURA
Jesus Ranieri

O CONCEITO DE DIALÉTICA EM LUKÁCS
István Mészáros

O CARACOL E SUA CONCHA
Ricardo Antunes

O CONTINENTE DO LABOR
Ricardo Antunes

A CRISE ESTRUTURAL DO CAPITAL
István Mészáros

CRÍTICA À RAZÃO INFORMAL
Manoel Luiz Malaguti

DA GRANDE NOITE À ALTERNATIVA
Alain Bihr

DA MISÉRIA IDEOLÓGICA À CRISE DO CAPITAL
Maria Orlanda Pinassi

A DÉCADA NEOLIBERAL E A CRISE DOS SINDICATOS NO BRASIL
Adalberto Moreira Cardoso

A DESMEDIDA DO CAPITAL
Danièle Linhart

O DESAFIO E O FARDO DO TEMPO HISTÓRICO
István Mészáros

DO CORPORATIVISMO AO NEOLIBERALISMO
Angela Araújo (org.)

A EDUCAÇÃO PARA ALÉM DO CAPITAL
István Mészáros

O EMPREGO NA GLOBALIZAÇÃO
Marcio Pochmann

O EMPREGO NO DESENVOLVIMENTO DA NAÇÃO
Marcio Pochmann

ESTRUTURA SOCIAL E FORMAS DE CONSCIÊNCIA, 2v
István Mészáros

FILOSOFIA, IDEOLOGIA E CIÊNCIA SOCIAL
István Mészáros

FORÇAS DO TRABALHO
Beverly J. Silver

FORDISMO E TOYOTISMO
Thomas Gounet

GÊNERO E TRABALHO
NO BRASIL E NA FRANÇA
Alice Rangel de Paiva Abreu, Helena Hirata
e Maria Rosa Lombardi (orgs.)

HOMENS PARTIDOS
Marco Aurélio Santana

INFOPROLETÁRIOS
Ricardo Antunes e Ruy Braga (orgs.)

LINHAS DE MONTAGEM
Antonio Luigi Negro

A MÁQUINA AUTOMOTIVA EM SUAS PARTES
Geraldo Augusto Pinto

MAIS TRABALHO!
Sadi Dal Rosso

O MISTER DE FAZER DINHEIRO
Nise Jinkings

O MITO DA GRANDE CLASSE MÉDIA
Marcio Pochmann

A MONTANHA QUE DEVEMOS CONQUISTAR
István Mészáros

NEOLIBERALISMO, TRABALHO E SINDICATOS
Huw Beynon, José Ricardo Ramalho,
John McIlroy e Ricardo Antunes (orgs.)

NOVA DIVISÃO SEXUAL DO TRABALHO?
Helena Hirata

NOVA CLASSE MÉDIA
Marcio Pochmann

O NOVO (E PRECÁRIO) MUNDO DO TRABALHO
Giovanni Alves

A OBRA DE SARTRE
István Mészáros

PARA ALÉM DO CAPITAL
István Mészáros

A PERDA DA RAZÃO SOCIAL DO TRABALHO
Maria da Graça Druck e Tânia Franco (orgs.)

POBREZA E EXPLORAÇÃO DO TRABALHO
NA AMÉRICA LATINA
Pierre Salama

O PODER DA IDEOLOGIA
István Mészáros

A POLÍTICA DO PRECARIADO
Ruy Braga

A REBELDIA DO PRECARIADO
Ruy Braga

RETORNO À CONDIÇÃO OPERÁRIA
Stéphane Beaud e Michel Pialoux

RIQUEZA E MISÉRIA DO TRABALHO
NO BRASIL, 3v
Ricardo Antunes (org.)

O ROUBO DA FALA
Adalberto Paranhos

O SÉCULO XXI
István Mészáros

SEM MAQUIAGEM
Ludmila Costhek Abílio

OS SENTIDOS DO TRABALHO
Ricardo Antunes

SHOPPING CENTER
Valquíria Padilha

A SITUAÇÃO DA CLASSE TRABALHADORA
NA INGLATERA
Friedrich Engels

A TEORIA DA ALIENAÇÃO EM MARX
István Mészáros

TERCEIRIZAÇÃO: (DES)FORDIZANDO A FÁBRICA
Maria da Graça Druck

TRABALHO E DIALÉTICA
Jesus Ranieri

TRABALHO E SUBJETIVIDADE
Giovanni Alves

TRANSNACIONALIZAÇÃO DO CAPITAL
E FRAGMENTAÇÃO DOS TRABALHADORES
João Bernardo

Este livro foi composto em Adobe Garamond, corpo 12/14,8, e reimpresso em papel Avena 80 g/m² na gráfica Sumago para a Boitempo, em novembro de 2017, com tiragem de 500 exemplares.